Von drauß' vom Walde komm ich her

Von drauß' vom Walde komm ich her

Die schönsten
Weihnachtsgedichte

Ausgewählt von
Mareike von Landsberg

Anaconda

Penguin Random House Verlagsgruppe FSC® N001967

Die Deutsche Nationalbibliothek verzeichnet diese Publikation in der
Deutschen Nationalbibliografie; detaillierte bibliografische Daten sind
im Internet unter http://dnb.d-nb.de abrufbar.

© 2022 by Anaconda Verlag, einem Unternehmen der
Penguin Random House Verlagsgruppe GmbH,
Neumarkter Straße 28, 81673 München
Alle Rechte vorbehalten.
Umschlagmotiv: shutterstock.com / CloudyStock
Umschlaggestaltung: www.katjaholst.de
Satz und Layout: Achim Münster, Overath
Druck und Bindung: CPI books GmbH, Leck
Printed in the EU
ISBN 978-3-7306-1149-4
www.anacondaverlag.de

Inhalt

»Macht hoch die Tür«

–

Advent

MACHT HOCH DIE TÜR

Macht hoch die Tür, die Tor macht weit;
es kommt der Herr der Herrlichkeit,
ein König aller Königreich,
ein Heiland aller Welt zugleich,
der Heil und Leben mit sich bringt;
derhalben jauchzt, mit Freuden singt:
Gelobet sei mein Gott,
mein Schöpfer reich von Rat.

Er ist gerecht, ein Helfer wert;
Sanftmütigkeit ist sein Gefährt,
sein Königskron ist Heiligkeit,
sein Zepter ist Barmherzigkeit;
all unsre Not zum End er bringt,
derhalben jauchzt, mit Freuden singt:
Gelobet sei mein Gott,
mein Heiland groß von Tat.

O wohl dem Land, o wohl der Stadt,
so diesen König bei sich hat.
Wohl allen Herzen insgemein,
da dieser König ziehet ein.
Er ist die rechte Freudensonn,
bringt mit sich lauter Freud und Wonn.
Gelobet sei mein Gott,
mein Tröster früh und spat.

Macht hoch die Tür, die Tor macht weit,
eu'r Herz zum Tempel zubereit'.
Die Zweiglein der Gottseligkeit
steckt auf mit Andacht, Lust und Freud;
so kommt der König auch zu euch,
ja, Heil und Leben mit zugleich.
Gelobet sei mein Gott,
voll Rat, voll Tat, voll Gnad.

Komm, o mein Heiland Jesu Christ,
meins Herzens Tür dir offen ist.
Ach zieh mit deiner Gnade ein;
dein Freundlichkeit auch uns erschein.
Dein Heilger Geist uns führ und leit'
den Weg zur ew'gen Seligkeit.
Dem Namen dein, o Herr,
sei ewig Preis und Ehr.

Georg Weissel

VERSE ZUM ADVENT

Noch ist Herbst nicht ganz entflohn,
Aber als Knecht Ruprecht schon
Kommt der Winter hergeschritten,
Und alsbald aus Schnees Mitten
Klingt des Schlittenglöckleins Ton.

Und was jüngst noch, fern und nah,
Bunt auf uns herniedersah,
Weiß sind Türme, Dächer, Zweige,
Und das Jahr geht auf die Neige,
Und das schönste Fest ist da.

Tag du der Geburt des Herrn,
Heute bist du uns noch fern,
Aber Tannen, Engel, Fahnen
Lassen uns den Tag schon ahnen,
Und wir sehen schon den Stern.

Theodor Fontane

Ein Winterabend

Wenn der Schnee ans Fenster fällt,
Lang die Abendglocke läutet,
Vielen ist der Tisch bereitet
Und das Haus ist wohlbestellt.

Mancher auf der Wanderschaft
Kommt ans Tor auf dunklen Pfaden.
Golden blüht der Baum der Gnaden
Aus der Erde kühlem Saft.

Wanderer tritt still herein;
Schmerz versteinerte die Schwelle.
Da erglänzt in reiner Helle
Auf dem Tische Brot und Wein.

Georg Trakl

VOR WEIHNACHTEN 1914

1

Da kommst du nun, du altes zahmes Fest,
und willst, an mein einstiges Herz gepresst,
getröstet sein. Ich soll dir sagen: du
bist immer noch die Seligkeit von einst,
und ich bin wieder dunkles Kind und tu'
die stillen Augen auf, in die du scheinst.
Gewiss, gewiss. Doch damals, da ich's war
und du mich schön erschrecktest, wenn die Türen
aufsprangen – und dein wunderbar
nicht länger zu verhaltendes Verführen
sich stürzte über mich wie die Gefahr
reißender Freuden: damals selbst, empfand
ich damals dich? Um jeden Gegenstand,
nach dem ich griff, war Schein von deinem Scheine,
doch plötzlich ward aus ihm und meiner Hand
ein neues Ding, das bange, fast gemeine
Ding, das besitzen heißt. Und ich erschrak.
Oh wie doch alle, eh ich es berührte,
so rein und leicht in meinem Anschaun lag.
Und wenn es auch zum Eigentum verführte,
noch war es keins. Noch haftete ihm nicht
mein Handeln an; mein Missverstehn; mein Wollen,
es soll etwas sein, was es nicht war.
Noch war es klar
und klärte mein Gesicht.

Noch fiel es nicht, noch kam es nicht ins Rollen,
noch war es nicht das Ding, das widerspricht.
Da stand ich zögernd vor dem wundervollen
Un-Eigentum ...

2
(... Oh, dass ich nun vor dir
so stünde, Welt, so stünde, ohne Ende
Anschauender. Und heb ich je die Hände
so lege nichts hinein; denn ich verlier.

Doch lass durch mich wie durch die Luft den Flug
der Vögel gehen. Lass mich, wie aus Schatten
und Wind gemischt, dem schwebenden Bezug
kühl fühlbar sein. Die Dinge, die wir hatten,

(o sieh sie an, wie sie uns nachschaun) nie
erholen sie sich ganz. Nie nimmt sie wieder
der reine Raum. Die Schwere unsrer Glieder,
was uns an Abschied ist, kommt über sie.)

3
Auch dieses Fest lass los, mein Herz, wo sind
Beweise, dass es dir gehört? Wie Wind
aufsteht und etwas biegt und etwas drängt,
so fängt in dir ein Fühlen an und geht
wohin? drängt was? biegt was? Und darüber
        übersteht,

unfühlbar, Welt. Was willst du feiern, wenn
die Festlichkeit der Engel dir entweicht?
Was willst du fühlen? Ach, dein Fühlen reicht
vom Weinenden zum Nicht-mehr-Weinenden.
Doch drüber sind, unfühlbar, Himmel leicht
von zahllos Engeln. Dir unfühlbar. Du
kennst nur den Nicht-Schmerz. Die Sekunde Ruh
zwischen zwei Schmerzen. Kennst den kleinen Schlaf
im Lager der ermüdeten Geschicke.
Oh wie dich, Herz, vom ersten Augenblicke
Das Übermaß des Daseins übertraf.
Du fühltest auf. Da türmte sich vor dir
zu Fühlendes: ein Ding, zwei Dinge, vier
bereite Dinge. Schönes Lächeln stand
in einem Antlitz. Wie erkannt
sah eine Blume zu dir auf. Da flog
ein Vogel durch dich hin wie durch die Luft.
Und war dein Blick zu voll, so kam ein Duft,
und war es Dufts genug, so bog ein Ton
sich dir ans Ohr … Schon
wähltest du und winktest: dieses nicht.
Und dein Besitz ward sichtbar am Verzicht.
Bang wie ein Sohn ging manches von dir fort
und sah sich lange um, und sieht von dort,
wo du nicht fühlst, noch immer her. O dass
du immer wieder wehren musst: genug,
statt: mehr! zu rufen, statt Bezug
in dich zu reißen, wie der Abgrund Bäche?
Schwächliches Herz. Was soll ein Herz aus Schwäche?

Heißt Herz-sein nicht Bewältigung?
Dass aus dem Tier-Kreis mir mit einem Sprung
dein Steinbock auf mein Herzgebirge spränge.
Geht nicht durch mich der Sterne Schwung?
Umfass ich nicht das weltische Gedränge?
Was bin ich hier? Was war ich jung?

Rainer Maria Rilke

Maria durch ein Dornwald ging

Maria durch ein Dornwald ging,
Kyrie eleison.
Maria durch ein Dornwald ging,
der hat in sieben Jahrn kein Laub getragen.
Jesus und Maria.

Was trug Maria unter ihrem Herzen?
Kyrie eleison.
Ein kleines Kindlein ohne Schmerzen,
das trug Maria unter ihrem Herzen.
Jesus und Maria.

Da haben die Dornen Rosen getragen,
Kyrie eleison.
Als das Kindlein durch den Wald getragen,
da haben die Dornen Rosen getragen.
Jesus und Maria.

Volkslied

IM WINTER

Die Tage sind so dunkel,
Die Nächte lang und kalt;
Doch übet Sternenfunkel
Noch über uns Gewalt.

Und sehen wir es scheinen
Aus weiter, weiter Fern',
So denken wir, die Seinen,
Der Zukunft unsres Herrn.

Er war einmal erschienen
In ferner sel'ger Zeit,
Da waren, ihm zu dienen,
Die Weisen gleich bereit.

Der Lenz ist fortgezogen,
Der Sommer ist entflohn:
Doch fließen warme Wogen,
Doch klingt ein Liebeston.

Es rinnt aus Jesu Herzen,
Es spricht aus Jesu Mund,
Ein Quell der Lust und Schmerzen,
Wie damals, noch zur Stund'.

Wir wollen nach dir blicken,
O Licht, das ewig brennt,
Wir wollen uns beschicken
Zum seligen Advent!

Max Schenkendorf

ADVENTSLIED

Komm nieder aus der Jungfrau Schoß,
O Kind, aus Himmelsauen!
Es sehnt sich alles, klein und groß,
Ins Antlitz dir zu schauen;
Es schmachtet deinem Segen
Die Erde, Herr, entgegen.

Wie damals in der Römerzeit
Die Menschheit lag gebunden,
Des Paradieses Herrlichkeit
Von hinnen war geschwunden,
Als du, sie zu entsühnen,
Auf Erden warst erschienen;

So liegt sie nun gebeugt, gedrückt,
In namenlosen Wehen;
Dein Licht, o Herr, ist ihr entrückt,
Ihr Licht scheint auszugehen.
Wollst wieder sie erlösen
Von der Gewalt des Bösen!

Dich rufen Leid und Klageton,
Dir winkt ein Meer von Tränen,
Und leise Seufzer, kaum entflohn
Bescheidnem bangem Sehnen,
Zum Retten, zum Befreien,
Das Alte zu erneuen.

O Menschensohn voll Lieb' und Macht,
O höchstes ew'ges Leben,
Hast oft schon Funken angefacht,
Und Sterbekraft gegeben!
O Himmelsgast, steig wieder
Zum Tränentale nieder!

Wir haben oft auf unsrer Bahn
Wie Simeon gebetet;
Wir blicken alle himmelan,
Ob sich der Osten rötet;
Komm denn im alten Liede:
Auf Erden Freud' und Friede!

Max Schenkendorf

DIE WEISSE WEIHNACHTSROSE

Wenn über Wege tief beschneit
Der Schlitten lustig rennt,
Im Spätjahr in der Dämmerzeit,
Die Wochen im Advent,
Wenn aus dem Schnee das junge Reh
Sich Kräuter sucht und Moose,
Blüht unverdorrt im Frost noch fort
Die weiße Weihnachtsrose.

Kein Blümchen sonst auf weiter Flur;
In ihrem Dornenkleid
Nur sie, die niedre Distel nur
Trotzt allem Winterleid;
Das macht, sie will erwarten still,
Bis sich die Sonne wendet,
Damit sie weiß, dass Schnee und Eis
Auch diesmal wieder endet.

Doch ist's geschehn, nimmt fühlbar kaum
Der Nächte Dunkel ab,
Dann sinkt mit einem Hoffnungstraum
Auch sie zurück ins Grab.

Nun schläft sie gern, sie hat von fern
Des Frühlings Gruß vernommen,
Und o wie bald wird glanzumwallt
Er sie zu wecken kommen!

Hermann von Lingg

DER WEIHNACHTSAUFZUG

Bald kommt die liebe Weihnachtszeit,
worauf die ganze Welt sich freut:
das Land, so weit man sehen kann,
sein Winterkleid hat angetan.
Schlaf überall; es hat die Nacht
die laute Welt zur Ruh' gebracht, –
kein Sternenlicht, kein grünes Reis,
der Himmel schwarz, die Erde weiß.

Da blinkt von fern ein heller Schein. –
Was mag das für ein Schimmer sein?
Weit übers Feld zieht es daher,
als ob's ein Kranz von Lichtern wär',
und näher rückt es hin zur Stadt,
obgleich verschneit ist jeder Pfad.

Ei, seht, ei, seht! Es kommt heran!
O, schauet doch den Aufzug an!
Zu Ross ein wunderlicher Mann
mit langem Bart und spitzem Hute,
in seinen Händen Sack und Rute.
Sein Gaul hat gar ein bunt Geschirr,
von Schellen dran ein blank Gewirr;
am Kopf des Gauls, statt Federzier,
ein Tannenbaum voll Lichter hier;
der Schnee erglänzt in ihrem Schein,
als wär's ein Meer voll Edelstein! –

Wer aber hält den Tannenzweig?
Ein Knabe, schön und wonnereich;
's ist nicht ein Kind von unsrer Art,
hat Flügel an dem Rücken zart. –
Das kann fürwahr nichts andres sein,
als wie vom Himmel ein Engelein!
Nun sagt mir, Kinder, was bedeutet
ein solcher Zug in solcher Zeit? – –

Was das bedeutet? Ei, seht doch an,
da frag' ich grad' beim Rechten an!
Ihr schelmischen Gesichterchen,
ich merk's, ihr kennt die Lichterchen,
kennt schon den Mann mit spitzem Hute,
kennt auch den Baum, den Sack, die Rute.

Der alte, bärt'ge Ruprecht hier,
er pocht' schon oft an eure Tür,
droht' mit der Rute bösen Buben,
warf Nüss' und Äpfel in die Stuben
für Kinder, die da gut gesinnt. – –
Doch kennt ihr auch das Himmelskind?
Oft bracht' es ohne euer Wissen,
wenn ihr noch schlieft in weichen Kissen,
den Weihnachtsbaum zu euch ins Haus,
putzt' wunderherrlich ihn heraus;
Geschenke hing es bunt daran
und steckt' die vielen Lichter an;
flog himmelwärts und schaute wieder
von dort auf euren Jubel nieder.

O Weihnachtszeit, du schöne Zeit,
so überreich an Lust und Freud'!
Hör' doch der Kinder Wünsche an
und komme bald, recht bald heran,
und schick' uns doch, wir bitten sehr,
mit vollem Sack den Ruprecht her!
Wir fürchten seine Rute nicht,
wir taten allzeit unsre Pflicht.
Drum schick' uns auch den Engel gleich
mit seinem Baum, an Gaben reich!
O Weihnachtszeit, du schöne Zeit,
worauf die ganze Welt sich freut!

Robert Reinick

KNECHT RUPRECHT

Von drauß' vom Walde komm ich her;
Ich muss euch sagen, es weihnachtet sehr!
Allüberall auf den Tannenspitzen
Sah ich goldene Lichtlein sitzen;
Und droben aus dem Himmelstor
Sah mit großen Augen das Christkind hervor,
Und wie ich so strolcht durch den finstern Tann,
Da rief's mich mit heller Stimme an.
»Knecht Ruprecht«, rief es, »alter Gesell,
Hebe die Beine und spute dich schnell!
Die Kerzen fangen zu brennen an,
Das Himmelstor ist aufgetan,
Alt' und Junge sollen nun
Von der Jagd des Lebens einmal ruhn;
Und morgen flieg ich hinab zur Erden,
Denn es soll wieder Weihnachten werden!«
Ich sprach: »O lieber Herre Christ,
Meine Reise fast zu Ende ist;
Ich soll nur noch in diese Stadt,
Wo's eitel gute Kinder hat.«
– »Hast denn das Säcklein auch bei dir?«
Ich sprach: »Das Säcklein, das ist hier;
Denn Äpfel, Nuss und Mandelkern
Fressen fromme Kinder gern.«
– »Hast denn die Rute auch bei dir?«
Ich sprach: »Die Rute, die ist hier;
Doch für die Kinder nur, die schlechten,
Die trifft sie auf den Teil, den rechten.«

Christkindlein sprach: »So ist es recht;
So geh mit Gott, mein treuer Knecht!«
Von drauß' vom Walde komm ich her;
Ich muss euch sagen, es weihnachtet sehr!
Nun sprecht, wie ich's hierinnen find!
Sind's gute Kind, sind's böse Kind?

Theodor Storm

VORFREUDE AUF WEIHNACHTEN

Ein Kind – von einem Schiefertafel-Schwämmchen
Umhüpft – rennt froh durch mein Gemüt.

Bald ist es Weihnacht! – Wenn der Christbaum blüht,
Dann blüht er Flämmchen.
Und Flämmchen heizen. Und die Wärme stimmt
Uns mild. – Es werden Lieder, Düfte fächeln. –

Wer nicht mehr Flämmchen hat, wem nur noch
        Fünkchen glimmt,
Wird dann doch gütig lächeln.

Wenn wir im Traume eines ewigen Traumes
Alle unfeindlich sind – einmal im Jahr! –
Uns alle Kinder fühlen eines Baumes.

Wie es sein soll, wie's allen einmal war.

Joachim Ringelnatz

CHRISTKIND

Die Nacht vor dem heiligen Abend,
da liegen die Kinder im Traum;
sie träumen von schönen Sachen
und von dem Weihnachtsbaum.

Und während sie schlafen und träumen,
wird es am Himmel klar,
und durch den Himmel fliegen
drei Engel wunderbar.

Sie tragen ein holdes Kindlein,
das ist der heilige Christ;
es ist so fromm und freundlich,
wie keins auf Erden ist.

Und wie es durch den Himmel
still über die Häuser fliegt,
schaut es in jedes Bettchen,
wo nur ein Kindlein liegt,

Und freut sich über alle,
die fromm und freundlich sind;
denn solche liebt von Herzen
das liebe Himmelskind.

Wird sie auch reich bedenken
mit Lust aufs Allerbest'
und wird sie schön beschenken
zum morgenden Weihnachtsfest. –

Heut' schlafen noch die Kinder
und seh'n es nur im Traum;
doch morgen tanzen und springen
sie um den Weihnachtsbaum.

Robert Reinick

DIE WEIHNACHTSFREUDE

Morgen, Kinder, wird's was geben!
Morgen werden wir uns freun!
Welche Wonne, welches Leben
Wird in unserm Hause sein;
Einmal werden wir noch wach,
Heissa, dann ist Weihnachtstag!

Wie wird dann die Stube glänzen
Von der großen Lichterzahl!
Schöner als bei frohen Tänzen
Ein geputzter Kronensaal.
Wisst ihr noch, wie vor'ges Jahr
Es am heil'gen Abend war?

Wisst ihr noch mein Räderpferdchen?
Malchens nette Schäferin?
Jettchens Küche mit dem Herdchen,
Und dem blank geputzten Zinn?
Heinrichs bunten Harlekin
Mit der gelben Violin?

Wisst ihr noch den großen Wagen,
Und die schöne Jagd von Blei?
Unsre Kleiderchen zum Tragen,
Und die viele Näscherei?
Meinen fleiß'gen Sägemann
Mit der Kugel unten dran?

Welch ein schöner Tag ist morgen!
Neue Freude hoffen wir.
Unsre guten Eltern sorgen
Lange, lange schon dafür.
O gewiss, wer sie nicht ehrt,
Ist der ganzen Lust nicht wert.

Nein, ihr Schwestern und ihr Brüder,
Lasst uns ihnen dankbar sein,
Und den guten Eltern wieder
Zärtlichkeit und Liebe weihn,
Und aufs Redlichste bemühn,
Alles, was sie kränkt, zu fliehn.

Lasst uns nicht bei den Geschenken
Neidisch aufeinander sehn;
Sondern bei den Sachen denken:
»Wie erhalten wir sie schön,
Dass uns ihre Niedlichkeit
Lange noch nachher erfreut?«

Karl Friedrich Splittegarb

»Ein Wunder ist geschehn«

–

Heiliger Abend
und Besuch der Könige

AN DER KRIPPE

Ich steh an deiner Krippe hier,
O Jesu, du mein Leben,
Ich stehe, bring und schenke dir,
Was du mir hast gegeben.
Nimm hin, es ist mein Geist und Sinn,
Herz, Seel und Mut, nimm alles hin,
Und lass dir's wohlgefallen.

Da ich noch nicht geboren war,
Da bist du mir geboren,
Und hast mich dir zu eigen gar,
Eh ich dich kannt', erkoren.
Eh ich durch deine Hand gemacht,
Da hat dein Herze schon bedacht,
Wie du mein wolltest werden.

Ich lag in tiefer Todesnacht.
Du wurdest meine Sonne,
Die Sonne, die mir zugebracht
Licht, Leben, Freud und Wonne.
O Sonne, die das werte Licht,
Des Glaubens in mir zugericht',
Wie schön sind deine Strahlen.

Ich sehe dich mit Freuden an,
Und kann mich nicht sattsehen,
Und weil ich nun nicht weiter kann,
Bleib ich andächtig stehen.
O dass mein Sinn ein Abgrund wär
Und meine Seel ein weites Meer,
Dass ich dich möchte fassen.

Paul Gerhardt

Wenn ich in Bethlehem wär'

Wenn ich in Bethlehem wär',
Du Christuskind,
Lief' ich zur Krippe her,
O wie geschwind.

Drinnen du liegst auf Heu,
Auf hartem Stroh,
Blickst uns doch an so treu,
So lieb und froh.

Und wer nur recht dich liebt,
Groß oder klein,
Der ist nie mehr betrübt,
Soll stets sich freun.

Kann ich denn nicht zu dir,
Zur Krippe gehn,
Kommst du doch gern zu mir,
Kannst hier mich sehn.

Sieh in mein Herz hinein,
Ob's recht dich liebt,
Mit allen Kräften sein
Sich dir ergiebt.

Wilhelm Hey

KRIPPENLIED

Was ist das doch ein holdes Kind,
Das man hier in der Krippe find't?
Ach, solch ein süßes Kindelein,
Das muss gewiss vom Himmel sein.

Die Frau, die bei der Krippe kniet
Und selig auf das Kindlein sieht,
Das ist Maria, hehr und rein;
Ihr mag recht wohl im Herzen sein.

Der Mann, der zu der Seite steht
Und still hinauf zum Himmel fleht,
Das muss der fromme Joseph sein,
Der tut sich auch des Kindleins freun.

Und was dort in der Ecke liegt
Und nach dem Kindlein schaut vergnügt,
Ein Öchslein und ein Eselein,
Das mögen gute Tierlein sein.

Und die dort kommen fromm und gut
Mit langem Stab und rundem Hut,
Das ist der Hirten fromme Schar,
Die bringen ihre Gaben dar.

Und was den Stall so helle macht
Und was so lieblich singt und lacht,
Das sind die lichten Engelein,
Die schau'n zu Tür und Fenster ein.

Und die dort kommen ganz von fern
Und gläubig schauen nach dem Stern,
Das sind der heil'gen Kön'ge drei
Mit Weihrauch, Gold und Spezerei.

Und ob dem Hüttlein flammt ein Stern,
Der leuchtet nah und leuchtet fern,
Er scheinet auch durch unsre Zeit
Und leuchtet bis in Ewigkeit.

Sei hochgelobt, du dunkle Zell'!
Durch dich die ganze Welt wird hell.
Klein Kindlein in der Jungfrau Schoß,
Wie bist Du so unendlich groß!

Luise Hensel

Über die Geburt Jesu

Nacht, mehr denn lichte Nacht! Nacht, lichter als
      der Tag,
Nacht, heller als die Sonn', in der das Licht geboren,
Das Gott, der Licht in Licht wohnhaftig ihm
      erkoren:
O Nacht, die alle Nächt' und Tage trotzen mag.

O freudenreiche Nacht, in welcher Ach und Klag
Und Finsternis und was sich auf die Welt
      verschworen
Und Furcht und Höllenangst und Schrecken ward
      verloren.
Der Himmel bricht! Doch fehlt nun mehr kein
      Donnerschlag.

Der Zeit und Nächte schuf, ist diese Nacht
      ankommen!
Und hat das Recht der Zeit und Fleisch an sich
      genommen!
Und unser Fleisch und Zeit der Ewigkeit vermacht.

Der Jammer trübe Nacht, die schwarze Nacht der
      Sünden,
Des Grabes Dunkelheit muss durch die Nacht
      verschwinden.
Nacht, lichter als der Tag; Nacht, mehr denn lichte
      Nacht!

Andreas Gryphius

ARIA VON DER GEBURT CHRISTI

Eilt, ihr Völker, aus der Nacht
Zu dem neugebornen Lichte,
Das den Stall zum Himmel macht,
Eilt und zeigt Vergnügungsfrüchte
Dort, wo sich der Herr der Welt
Uns zum Reichtum arm gestellt.

Diese Windeln, dieses Stroh
Werden unser Freiheitszeichen;
Es gefällt der Vorsicht so,
Satans Arglist zu beschleichen,
Dem der Schein der Dürftigkeit
Schimpf und Gram und Fall verleiht.

Jezto werden Wolf und Schaf,
Kind und Löwen sicher spielen,
Und der Zorn, der Adam traf,
Muss sich in den Tränen kühlen,
Deren Strom voll Lieb und Geist
Von des Heilands Wangen fleust.

Johann Christian Günther

CHRISTKINDLEINS WIEGENLIED

O Jesulein zart,
O Jesulein zart,
Das Kripplein ist hart,
Wie liegst du so hart,
Ach schlaf, ach tu die Äugelein zu,
Schlaf, und gib uns die ewige Ruh.

Schlaf Jesulein wohl,
Nichts hindern soll
Ochs, Esel und Schaf,
Sind alle im Schlaf.
Schlaf Kind, schlaf, tue dein Äugelein zu,
Schlaf und gib uns die ewige Ruh.

Dir Seraphim singt,
Und Cherubim klingt,
Viel Engel im Stall,
Die wiegen dich all.
Schlaf Kind, schlaf, tu dein Äugelein zu,
Schlaf und gib uns die ewige Ruh.

Sieh Jesulein, sieh,
Sankt Joseph ist hie,
Ich bleib auch hiebei,
Schlaf sicher und frei.
Schlaf Kind schlaf, tu dein Äugelein zu,
Schlaf, und gib uns die ewige Ruh.

Schweig Eselein still,
Das Kind schlafen will,
Ei, Öchsle nicht brüll,
Das Kind, das schlafen will.
Schlaf Kind schlaf, tu dein Äugelein zu,
Schlaf, und gib uns die ewige Ruh.

Achim von Arnim und Clemens Brentano

WEIHNACHTSLIED

Brich an du schönes Morgenlicht!
Das ist der alte Morgen nicht,
Der täglich wiederkehret.
Es ist ein Leuchten aus der Fern',
Es ist ein Schimmer, ist ein Stern,
Von dem ich längst gehöret.

Nun wird ein König aller Welt,
Von Ewigkeit zum Heil bestellt,
Ein zartes Kind geboren.
Der Teufel hat sein altes Recht
Am ganzen menschlichen Geschlecht
Verspielt schon und verloren.

Der Himmel ist jetzt nimmer weit,
Es naht die sel'ge Gotteszeit,
Der Freiheit und der Liebe.
Wohlauf, du frohe Christenheit!
Dass jeder sich nach langem Streit
In Friedenswerken übe.

Ein ewig festes Liebesband
Hält jedes Haus und jedes Land
Und alle Welt umfangen,
Wir alle sind ein heil'ger Stamm,
Der Löwe spielet mit dem Lamm,
Das Kind am Nest der Schlangen.

Wer ist noch, welcher sorgt und sinnt?
Hier in der Krippe liegt ein Kind
Mit lächelnder Gebärde.
Wir grüßen dich, du Sternenheld!
Willkommen Heiland aller Welt!
Willkommen auf der Erde!

Max Schenkendorf

Fern im Osten wird es helle

Fern im Osten wird es helle,
Graue Zeiten werden jung;
Aus der lichten Farbenquelle
Einen langen tiefen Trunk!
Alter Sehnsucht heilige Gewährung,
Süße Lieb' in göttlicher Verklärung.

Endlich kommt zur Erde nieder
Aller Himmel sel'ges Kind,
Schaffend im Gesang weht wieder
Um die Erde Lebenswind,
Weht zu neuen ewig lichten Flammen
Längst verstiebte Funken hier zusammen.

Überall entspringt aus Grüften
Neues Leben, neues Blut,
Ew'gen Frieden uns zu stiften,
Taucht er in die Lebensflut;
Steht mit vollen Händen in der Mitte
Liebevoll gewärtig jeder Bitte.

Lasse seine milden Blicke
Tief in deine Seele gehn,
Und von seinem ewgen Glücke
Sollst du dich ergriffen sehn.
Alle Herzen, Geister und die Sinnen
Werden einen neuen Tanz beginnen.

Greife dreist nach seinen Händen,
Präge dir sein Antlitz ein,
Musst dich immer nach ihm wenden,
Blüte nach dem Sonnenschein;
Wirst du nur das ganze Herz ihm zeigen,
Bleibt er wie ein treues Weib dir eigen.

Unser ist sie nun geworden,
Gottheit, die uns oft erschreckt,
Hat im Süden und im Norden
Himmelskeime rasch geweckt,
Und so lasst im vollen Gottesgarten
Treu uns jede Knosp' und Blüte warten.

Novalis

DAS WUNDERBLÜMLEIN
Altes Weihnachtslied ergänzt.

Uns ist ein' Ros' entsprungen
aus einer Wurzel zart;
wie uns die Alten sungen,
von Jesse kam die Art;
und hat ein Blümlein bracht
mitten im kalten Winter,
wohl zu der halben Nacht.

Das Blümlein war so reine
und duftete so süß;
mit seinem milden Scheine
verklärt's die Finsternis;
und leuchtet immerdar,
tröstet die Menschenkinder
holdselig, wunderbar.

Ein Stern mit hellem Scheine
hat es der Welt verkündt,
den Hirten und den Heiden,
wo man dies Blümlein findt.
Nun ist uns nicht mehr bang,
seit aus der dunklen Erde
solch köstlich Knösplein sprang.

Richard Dehmel

EIN DEUTSCHER HYMNUS ODER LOBSANG
VON DER GEBURT CHRISTI

Gelobet seist du, Jesu Christ,
Dass du Mensch geboren bist
Von einer Jungfrau, das ist wahr,
Des freuet sich der Engel Schar.
Kyrieleis.

Des ewgen Vaters einig Kind
Jetzt man in der Krippen findt,
In unser armes Fleisch und Blut
Verkleidet sich das ewig Gut.
Kyrieleis.

Den aller Welt Kreis nie beschloss,
Der liegt in Maria Schoß,
Er ist ein Kindlein worden klein,
Der alle Ding erhält allein.
Kyrieleis.

Das ewig Licht geht da herein,
Gibt der Welt einen neuen Schein,
Es leucht' wohl mitten in der Nacht
Und uns des Lichtes Kinder macht.
Kyrieleis.

Der Sohn des Vaters, Gott von Art,
Ein Gast in der Welte ward
Und führt uns aus dem Jammertal,
Er macht uns Erben in seinem Saal.
Kyrieleis.

Er ist auf Erden kommen arm,
Dass er unser sich erbarm
Und in dem Himmel machet reich
Und seinen lieben Engeln gleich.
Kyrieleis.

Das hat er alles uns getan,
Sein groß Lieb zu zeigen an.
Des freu sich alle Christenheit
Und dank ihm des in Ewigkeit.
Kyrieleis.

Martin Luther

GEBURT CHRISTI

Hättest du der Einfalt nicht, wie sollte
dir geschehn, was jetzt die Nacht erhellt?
Sieh, der Gott, der über Völkern grollte,
macht sich mild und kommt in dir zur Welt.
Hast du dir ihn größer vorgestellt?

Was ist Größe? Quer durch alle Maße,
die er durchstreicht, geht sein grades Los.
Selbst ein Stern hat keine solche Straße.
Siehst du, diese Könige sind groß,
und sie schleppen dir vor deinen Schoß

Schätze, die sie für die größten halten,
und du staunst vielleicht bei dieser Gift –:
aber schau in deines Tuches Falten,
wie er jetzt schon alles übertrifft.
Aller Amber, den man weit verschifft,

jeder Goldschmuck und das Luftgewürze,
das sich trübend in die Sinne streut:
alles dieses war von rascher Kürze,
und am Ende hat man es bereut.
Aber (du wirst sehen): Er erfreut.

Rainer Maria Rilke

STILLE NACHT! HEILIGE NACHT!

Stille Nacht! Heilige Nacht!
Alles schläft, einsam wacht
nur das traute hoch heilige Paar.
Holder Knabe im lockigen Haar,
schlaf in himmlischer Ruh',
schlaf in himmlischer Ruh'!

Stille Nacht! Heilige Nacht!
Gottes Sohn, o wie lacht
lieb' aus deinem göttlichen Mund,
da uns schlägt die rettende Stund':
Christ, in deiner Geburt.
Christ, in deiner Geburt.

Stille Nacht, heilige Nacht,
Hirten erst kundgemacht!
durch der Engel Halleluja
tönt es laut von Ferne und Nah:
Christ, der Retter ist da!
Christ, der Retter ist da!

Josef Mohr

HEILIGE NACHT

Eh der Stern von Bethlehem
noch im dunklen Tal erschienen,
lösten, Sklaven zu bedienen,
Fürsten schon ihr Diadem;
ahnend eine höhre Macht,
grüßten sie die heil'ge Nacht.

Eh das Licht der Welt genaht,
flammten schon in tiefer, scheuer
Waldesnacht die Sonnwendfeuer
himmelwärts; vom Bergesgrat
lohte talwärts ihre Pracht,
grüßend die geweihte Nacht.

Hoben Geisterhände nicht
in der Vorzeit heil'ger Feier
den geheimnisvollen Schleier
von der Zukunft Angesicht?
Ahnte deiner Wunder Macht
schon die Welt, geweihte Nacht? –

Nicht auf einen kurzen Tag
ward die Freiheit dir erschlossen –
jauchze mit den Festgenossen,
Sklave, deine Kette brach!
Liebe hat dich frei gemacht –
beug dein Knie in heil'ger Nacht!

Nicht im unwirtbaren Raum
flammt die Glut der Sonnenwende,
unsrer Kinder zarte Hände
schmücken heut den Tannenbaum.
Schimmernd strahlt der Kerzen Pracht
– sei gegrüßt, geweihte Nacht!

Und durch klares Schneegefild,
schwebend auf des Mondlichts Wogen,
kommt ein Glockenton gezogen,
der die tiefste Sehnsucht stillt –
lenzhauchmild durch Winterpracht
klingt der Gruß der Weihenacht:

»Aller Menschheit, ruhelos,
schmerzbefangen, wahnverloren,
ward der Friede heut geboren
aus der ew'gen Liebe Schoß! –
Die der Welt das Heil gebracht,
sei gegrüßt, geweihte Nacht!

Clara Müller-Jahnke

Weihnacht

Ich bin der Tischler Josef,
Meine Frau, die heißet Marie.
Wir finden kein' Arbeit und Herberg'
Im kalten Winter allhie.

Habens der Herr Wirt vom Goldnen Stern
Nicht ein Unterkunft für mein Weib?
Einen halbeten Kreuzer zahlert ich gern,
Zu betten den schwangren Leib. –

Ich hab kein Bett für Bettelleut;
Doch schert's euch nur in den Stall.
Gevatter Ochs und Base Kuh
Werden empfangen euch wohl. –

Wir danken dem Herrn Wirt für seine Gnad
Und für die warme Stub.
Der Himmel lohn's euch und unser Kind,
Sei's Madel oder Bub.

Marie, Marie, was schreist du so sehr? –
Ach Josef, es sein die Wehn.
Bald wirst du den elfenbeinernen Turm,
Das süßeste Wunder sehn. –

Der Josef Hebamme und Bader war
Und hob den lieben Sohn
Aus seiner Mutter dunklem Reich
Auf seinen strohernen Thron.

Da lag er im Stroh. Die Mutter so froh
Sagt Vater Unserm den Dank.
Und Ochs und Esel und Pferd und Hund
Standen fromm dabei.

Aber die Katze sprang auf die Streu
Und wärmte zur Nacht das Kind. –
Davon die Katzen noch heutigen Tags
Maria die liebsten Tiere sind.

Klabund

DIE NACHT IST VORGEDRUNGEN

Die Nacht ist vorgedrungen,
der Tag ist nicht mehr fern.
So sei nun Lob gesungen
dem hellen Morgenstern!
Auch wer zur Nacht geweinet,
der stimme froh mit ein.
Der Morgenstern bescheinet
auch deine Angst und Pein.

Dem alle Engel dienen,
wird nun ein Kind und Knecht.
Gott selber ist erschienen
zur Sühne für sein Recht.
Wer schuldig ist auf Erden,
verhüll' nicht mehr sein Haupt.
Er soll errettet werden,
wenn er dem Kinde glaubt.

Die Nacht ist schon im Schwinden,
macht euch zum Stalle auf!
Ihr sollt das Heil dort finden,
das aller Zeiten Lauf
von Anfang an verkündet,
seit eure Schuld geschah.
Nun hat sich euch verbündet,
den Gott selbst ausersah!

Noch manche Nacht wird fallen
auf Menschenleid und -schuld.
Doch wandert nun mit allen
der Stern der Gotteshuld.
Beglänzt von seinem Lichte,
hält euch kein Dunkel mehr.
Von Gottes Angesichte
kam euch die Rettung her.

Gott will im Dunkel wohnen
und hat es doch erhellt!
Als wollte er belohnen,
so richtet er die Welt!
Der sich den Erdkreis baute,
der lässt den Sünder nicht.
Wer hier dem Sohn vertraute,
kommt dort aus dem Gericht!

Jochen Klepper

DIE HEILIGE NACHT

Gesegnet sei die heilige Nacht,
die uns das Licht der Welt gebracht! –

Wohl unterm lieben Himmelszelt
die Hirten lagen auf dem Feld.

Ein Engel Gottes, licht und klar,
mit seinem Gruß tritt auf sie dar.

Vor Angst sie decken ihr Angesicht,
da spricht der Engel: »Fürcht't euch nicht!«

»Ich verkünd' euch große Freud:
Der Heiland ist geboren heut.«

Da gehn die Hirten hin in Eil,
zu schaun mit Augen das ewig Heil;

zu singen dem süßen Gast Willkomm,
zu bringen ihm ein Lämmlein fromm. –

Bald kommen auch gezogen fern
die heilgen drei König' mit ihrem Stern.

Sie knien vor dem Kindlein hold,
schenken ihm Myrrhen, Weihrauch, Gold.

Vom Himmel hoch der Engel Heer
frohlocket: »Gott in der Höh' sei Ehr!«

Eduard Mörike

Vom Himmel hoch

Vom Himmel hoch, da komm ich her.
Ich bring' euch gute neue Mär,
Der guten Mär bring ich so viel,
Davon ich singen und sagen will.

Euch ist ein Kindlein heut' geborn
Von einer Jungfrau auserkorn,
Ein Kindelein, so zart und fein,
Das soll eu'r Freud und Wonne sein.

Es ist der Herr Christ, unser Gott,
Der will euch führn aus aller Not,
Er will eu'r Heiland selber sein,
Von allen Sünden machen rein.

Er bringt euch alle Seligkeit,
Die Gott der Vater hat bereit,
Dass ihr mit uns im Himmelreich
Sollt leben nun und ewiglich.

So merket nun das Zeichen recht:
Die Krippe, Windelein so schlecht,
Da findet ihr das Kind gelegt,
Das alle Welt erhält und trägt.

Des lasst uns alle fröhlich sein
Und mit den Hirten gehn hinein,
Zu sehn, was Gott uns hat beschert,
Mit seinem lieben Sohn verehrt.

Merk auf, mein Herz, und sieh dorthin!
Was liegt dort in dem Krippelein?
Wes ist das schöne Kindelein?
Es ist das liebe Jesulein.

Sei mir willkommen, edler Gast!
Den Sünder nicht verschmähet hast
Und kommst ins Elend her zu mir,
Wie soll ich immer danken dir?

Ach, Herr, du Schöpfer aller Ding,
Wie bist du worden so gering,
Dass du da liegst auf dürrem Gras,
Davon ein Rind und Esel aß!

Und wär' die Welt vielmal so weit,
Von Edelstein und Gold bereit',
So wär sie doch dir viel zu klein,
Zu sein ein enges Wiegelein.

Der Sammet und die Seide dein,
Das ist grob Heu und Windelein,
Darauf du König groß und reich
Herprangst, als wär's dein Himmelreich.

Das hat also gefallen dir,
Die Wahrheit anzuzeigen mir:
Wie aller Welt Macht, Ehr und Gut
Vor dir nichts gilt, nichts hilft noch tut.

Ach, mein herzliebes Jesulein,
Mach dir ein rein, sanft Bettelein,
Zu ruhen in meins Herzens Schrein,
Dass ich nimmer vergesse dein.

Davon ich allzeit fröhlich sei,
Zu springen, singen immer frei
Das rechte Susaninne schon,
Mit Herzenslust den süßen Ton.

Lob, Ehr sei Gott im höchsten Thron,
Der uns schenkt seinen ein'gen Sohn.
Des freuen sich der Engel Schar
Und singen uns solch neues Jahr.

Martin Luther

WIE SOLL ICH DICH EMPFANGEN?

Wie soll ich dich empfangen?
Und wie begegn' ich dir?
O aller Welt Verlangen,
O meiner Seelen Zier!
O Jesu, Jesu setze
Mir selbst die Fackel bei,
Damit, was dich ergötze,
Mir kund und wissend sei.

Dein Zion streut dir Palmen
Und grüne Zweige hin,
Und ich will dir in Psalmen
Ermuntern meinen Sinn.
Mein Herze soll dir grünen
In stetem Lob und Preis,
Und deinem Namen dienen,
So gut es kann und weiß.

Was hast du unterlassen
Zu meinem Trost und Freud?
Als Leib und Seele saßen
In ihrem größten Leid,
Als mir das Heil genommen,
Da Fried und Freude lacht,
Da bist du, mein Heil, kommen
Und hast mich froh gemacht.

Ich lag in schweren Banden,
Du kommst und machst mich los!
Ich stund in Spott und Schanden,
Du kommst und machst mich groß
Und hebst mich hoch zu Ehren,
Und schenkst mir großes Gut,
Das sich nicht lässt verzehren,
Wie irdisch Reichtum tut.

Nichts, nichts hat dich getrieben
Zu mir vom Himmelszelt,
Als das geliebte Lieben.
Damit du alle Welt
In ihren tausend Plagen
Und großen Jammerlast,
Die kein Mund aus kann sagen,
So fest umfangen hast.

Das schreib dir in dein Herze,
Du herzbetrübtes Heer,
Bei denen Gram und Schmerze
Sich häuft je mehr und mehr;
Seid unverzagt, ihr habet
Die Hilfe vor der Tür:
Der eure Herzen labet
Und tröstet, steht allhier!

Ihr dürft euch nicht bemühen
Noch sorgen Tag und Nacht,
Wie ihr ihn wollet ziehen
Mit eures Armes Macht:
Er kommt, er kommt mit Willen;
Ist voller Lieb und Lust,
All Angst und Not zu stillen,
Die ihm an euch bewusst.

Auch dürft ihr nicht erschrecken
Vor eurer Sündenschuld.
Nein! Jesus will sie decken
Mit seiner Lieb und Huld!
Er kommt, er kommt, den Sündern
Zum Trost und wahren Heil,
Schafft, dass bei Gottes Kindern
Verbleib ihr Erb und Teil.

Was fragt ihr nach dem Schreien
Der Feind' und ihrer Tück?
Ihr Herr wird sie zerstreuen
In einem Augenblick.
Er kommt, er kommt, ein König,
Dem wahrlich alle Feind'
Auf Erden viel zu wenig
Zum Widerstande seind.

Er kommt zum Weltgerichte,
Zum Fluch dem, der ihm flucht.
Mit Gnad und süßem Lichte
Dem, der ihn liebt und sucht.
Ach! komm, ach! komm, o Sonne!
Und hol uns allzumal
Zum ewgen Licht und Wonne
In deinen Freudensaal!

Paul Gerhardt

HEILIGE NACHT VON IHM BEFOHLEN

Heilige nacht von Ihm befohlen
Schatte noch mit deinen schleiern!
Eh ich ganz dein glück begriffen
Und was du begannst vollendet
Soll kein werk des tags mich drücken
Wärmen soll mich nur und klären
Licht das mir durch Ihn erschienen.

Stefan George

O Heiland, reiss die Himmel auf

O Heiland, reiß die Himmel auf,
herab, herab vom Himmel lauf.
Reiß ab vom Himmel Tor und Tür,
reiß ab, wo Schloss und Riegel für!

O Gott, ein' Tau vom Himmel gieß,
im Tau herab, o Heiland, fließ!
Ihr Wolken, brecht und regnet aus
den König über Jakobs Haus.

O Erd', schlag aus, schlag aus, o Erd',
dass Berg und Tal grün alles werd'!
O Erd', herfür dies Blümlein bring,
o Heiland, aus der Erden spring!

Wo bleibst du, Trost der ganzen Welt,
darauf sie all' ihr' Hoffnung stellt?
O komm, ach komm vom höchsten Saal,
komm, tröst uns hier im Jammertal!

O klare Sonn', du schöner Stern,
dich wollten wir anschauen gern.
O Sonn', geh auf, ohn' deinen Schein
in Finsternis wir alle sein!

Hier leiden wir die größte Not,
vor Augen steht der ewig' Tod:
Ach komm, führ uns mit starker Hand
vom Elend zu dem Vaterland!

Da wollen wir all' danken dir,
unserem Erlöser, für und für.
Da wollen wir all' loben dich
je allzeit immer und ewiglich!

Friedrich Spee

CHRISTNACHT

Es steht ein Stern verloren
Hoch über einem Haus;
Drin ist ein Kind geboren:
Ein Licht geht von ihm aus.

Von wenigen vernommen
Tönt eine Botschaft fern:
Die Weisen und die Frommen
Verkünden jenen Stern.

Da lauschen alle Ohren,
Zu denen Kunde dringt:
Wo ist der Mensch geboren,
Der mir Erlösung bringt?

Die Stätte zu betreten,
Welch Weges muss ich ziehn?
Das Wunder anzubeten,
Wo gläubig niederknien?

Hedwig Lachmann

WEIHNACHTSLIED

Dies ist der Tag, den Gott gemacht;
Sein werd in aller Welt gedacht!
Ihn preise, was durch Jesum Christ
Im Himmel und auf Erden ist!

Die Völker haben dein geharrt,
Bis dass die Zeit erfüllet ward;
Da sandte Gott von seinem Thron
Das Heil der Welt, dich, seinen Sohn.

Wenn ich dies Wunder fassen will:
So steht mein Geist vor Ehrfurcht still;
Er betet an, und er ermisst,
Dass Gottes Lieb unendlich ist.

Damit der Sünder Gnad erhält,
Erniedrigst du dich, Herr der Welt,
Nimmst selbst an unsrer Menschheit teil,
Erscheinst im Fleisch, und wirst uns Heil.

Dein König, Zion, kommt zu dir.
»Ich komm, im Buche steht von mir;
Gott, deinen Willen tu ich gern.«
Gelobt sei, der da kommt im Herrn!

Herr, der du Mensch geboren wirst,
Immanuel und Friedefürst,
Auf den die Väter hoffend sahn,
Dich, Gott, Messias, bet ich an.

Du, unser Heil und höchstes Gut,
Vereinest dich mit Fleisch und Blut,
Wirst unser Freund und Bruder hier,
Und Gottes Kinder werden wir.

Gedanke voller Majestät!
Du bist es, der das Herz erhöht.
Gedanke voller Seligkeit!
Du bist es, der das Herz erfreut.

Durch eines Sünde fiel die Welt.
Ein Mittler ist's, der sie erhält.
Was zagt der Mensch, wenn der ihn schützt,
Der in des Vaters Schoße sitzt?

Jauchzt, Himmel, die ihr ihn erfuhrt,
Den Tag der heiligsten Geburt;
Und Erde, die ihn heute sieht,
Sing ihm, dem Herrn, ein neues Lied!

Dies ist der Tag, den Gott gemacht;
Sein werd in aller Welt gedacht!
Ihn preise, was durch Jesum Christ
Im Himmel und auf Erden ist!

Christian Fürchtegott Gellert

TOCHTER ZION

Tochter Zion, freue dich!
Jauchze laut, Jerusalem!
Sieh, dein König kommt zu dir!
Ja, er kommt, der Friedensfürst.
Tochter Zion, freue dich!
Jauchze laut, Jerusalem!

Hosianna, Davids Sohn,
sei gesegnet deinem Volk!
Gründe nun dein ew'ges Reich.
Hosianna in der Höh'.
Hosianna, Davids Sohn,
sei gesegnet deinem Volk!

Hosianna, Davids Sohn,
sei gegrüßet, König mild!
Ewig steht dein Friedensthron,
du, des ew'gen Vaters Kind.
Hosianna, Davids Sohn,
sei gegrüßet, König mild!

Friedrich Heinrich Ranke

ES KOMMT EIN SCHIFF GELADEN

Es kommt ein Schiff, geladen
bis an sein' höchsten Bord,
trägt Gottes Sohn voll Gnaden,
des Vaters ewig's Wort.

Das Schiff geht still im Triebe,
es trägt ein teure Last;
das Segel ist die Liebe,
der Heilig Geist der Mast.

Der Anker haft' auf Erden,
da ist das Schiff am Land.
Das Wort will Fleisch uns werden,
der Sohn ist uns gesandt.

Zu Bethlehem geboren
im Stall ein Kindelein,
gibt sich für uns verloren;
gelobet muss es sein.

Johannes Tauler

HEILIGE NACHT

So ward der Herr Jesus geboren
Im Stall bei der kalten Nacht.
Die Armen, die haben gefroren,
Den Reichen war's warm gemacht.

Sein Vater ist Schreiner gewesen,
Die Mutter war eine Magd.
Sie haben kein Geld nicht besessen,
Sie haben sich wohl geplagt.

Kein Wirt hat ins Haus sie genommen;
Sie waren von Herzen froh,.
Dass sie noch in Stall sind gekommen.
Sie legten das Kind auf Stroh.

Die Engel, die haben gesungen,
Dass wohl ein Wunder geschehn.
Da kamen die Hirten gesprungen
Und haben es angesehn.

Die Hirten, die will es erbarmen,
Wie elend das Kindlein sei.
Es ist eine G'schicht' für die Armen,
Kein Reicher war nicht dabei.

Ludwig Thoma

WEIHNACHT

Die Welt wird kalt, die Welt wird stumm,
der Winter-Tod zieht schweigend um;
er zieht das Leilach weiß und dicht
der Erde übers Angesicht –
Schlafe – schlafe

Du breitgewölbte Erdenbrust,
du Stätte aller Lebenslust,
hast Duft genug im Lenz gesprüht,
im Sommer heiß genug geglüht,
nun komme ich, nun bist du mein,
gefesselt nun im engen Schrein –
Schlafe – schlafe

Die Winternacht hängt schwarz und schwer,
ihr Mantel fegt die Erde leer,
die Erde wird ein schweigend Grab,
ein Ton geht zitternd auf und ab:
Sterben – sterben.

Da horch – im totenstillen Wald
was für ein süßer Ton erschallt?
Da sieh – in tiefer dunkler Nacht
was für ein süßes Licht erwacht?
Als wie von Kinderlippen klingt's,
von Ast zu Ast wie Flammen springt's,
vom Himmel kommt's wie Engelsang,
ein Flöten- und Schalmeienklang:
Weihnacht! Weihnacht!

Und siehe – welch ein Wundertraum:
Es wird lebendig Baum an Baum,
der Wald steht auf, der ganze Hain
zieht wandelnd in die Stadt hinein.
Mit grünen Zweigen pocht es an:
»Tut auf, die sel'ge Zeit begann,
Weihnacht! Weihnacht!«

Da gehen Tür und Tore auf,
da kommt der Kinder Jubelhauf,
aus Türen und aus Fenstern bricht
der Kerzen warmes Lebenslicht.
Bezwungen ist die tote Nacht,
zum Leben ist die Lieb' erwacht,
der alte Gott blickt lächelnd drein,
des lasst uns froh und fröhlich sein!
Weihnacht! Weihnacht!

Ernst von Wildenbruch

WEIHNACHTSLIED

(Für Fritz von Uhde)

Maria lag in großer Not,
Mit Lumpen angetan,
In einem Stall zu Bethlehem
Und sah die Stunde nahn,
Da sie ein Kindlein haben sollt.
Der Himmel stand in lauter Gold;
Da hub ein Singen an:

»Süße Maria, sei getrost;
Das um dich ist kein Stall.
Blick um dich, allerholdste Frau,
Und sieh die Gäste all,
Die von weither gekommen sind,
Dich zu begrüßen und dein Kind
Mit Flöt- und Geigenschall.«

Und wie Marie ihr Haupt erhob,
Oh Wunder, was sie sah:
Es knieten auf der schlechten Streu
Drei goldne Könige da,
Und, wie wenn's ihr Gefolge wär,
Ein Heer von Engeln stand umher
Und sang Halleluja.

Es war ein Licht und war ein Glanz,
Wie sie es nie gesehn,
Und vor den Tür'n und Fenstern war
Ein Auf- und Niedergehn,
Als ging die ganze Welt vorbei;
Da hört sie einen leisen Schrei:
Da war das Glück geschehn.

Maria strahlte wie ein Stern
Und hob das Kind empor;
Das war so hold und engelschön,
Wie nie ein Kind zuvor.
Die Wände sanken, und die Welt,
Die weite Welt war rings erhellt,
Und alles sang im Chor:

»O seht die Blume, die da blüht,
Die Blume weiß und rot!
Der Kelch ist von der Lilie,
Ein Herz darinnen loht.
Nun ist die ganze Erde licht,
Wir fürchten Schmerz und Trauern nicht
Und fürchten nicht den Tod.

Die Blüte leuchtet uns den Tag,
Und es versank die Nacht,
Und aus der Blüte wird die Frucht,
Die alle fröhlich macht;
Die Frucht, die allen Nahrung gibt,
Der Mensch, der alle Menschen liebt:
Die Liebe ist erwacht.«

Der Chor verklang. Es sank der Stall
In braune Dunkelheit.
Maria gab dem Kind die Brust.
Still ward es weit und breit.
Da ward Marien im Herzen bang,
Sie küsst ihr liebes Kindlein lang,
Ihr tat ihr Kindlein leid.

Otto Julius Bierbaum

DER STERN

Hätt einer auch fast mehr Verstand,
Als wie die drei Weisen aus Morgenland,
Und ließe sich dünken, er wär wohl nie
Dem Sternlein nachgereist wie sie;
Dennoch, wenn nun das Weihnachtsfest
Seine Lichtlein wonniglich scheinen lässt,
Fällt auch auf sein verständig Gesicht,
Er mag es merken oder nicht,
Ein freundlicher Strahl
Des Wundersternes von dazumal.

Wilhelm Busch

DER STERN VON BETHLEHEM

Es stand ein Stern ob einem Dach,
Dem reisten Weise und Könige nach;
Und war kein Schloss und kein Palast
Dem seligen Sterne Lust und Rast:
War nur ein Hüttlein und ein Stall.
Und ging doch von ihm aus ein Schwall
Von Licht und allerhellstem Schein.
Denn in ihm lag ein Kindlein klein,
Des Herz war aller Liebe Samen,
Darum die Weisen und Könige kamen.
Die Weisen und Könige boten dar,
Was ihre Weisheit und Reichtum war;

Die Weisen und Könige knieten hin
Und fühlten des Lebens geheiligten Sinn;
Die Weisen und Könige hatten das Glück
Gesehn und gewonnen und reisten zurück.
Das ist vor grauer Zeit geschehn.
Kein Stern blieb seither stille stehn,
Und Weise und Könige sind zumeist
Anderen Sternen nachgereist.
Doch immer, wenn das rollende Jahr
Zum Tag kommt, da es geschehen war,
Dass zu Bethlehem der heilige Christ
Der wirren Welt geboren ist,

Entzünden wir kleiner Sterne Schein
Und kehren in uns selber ein,

Und fühlen, dass sehr weise gewesen
Die Wanderer aus Morgenland,
Die sich dem Sterne zugewandt,
Von dem wir in den Büchern lesen.

Otto Julius Bierbaum

DIE HEILIGEN DREI KÖNIGE

Die heil'gen Drei Könige aus dem Morgenland,
sie frugen in jedem Städtchen:
»Wo geht der Weg nach Bethlehem,
ihr lieben Buben und Mädchen?«
Die Jungen und Alten, sie wussten es nicht,

die Könige zogen weiter,
sie folgten einem goldenen Stern,
der leuchtete lieblich und heiter.
Der Stern bleibt stehn über Josefs Haus,

da sind sie hineingegangen;
das Öchslein brüllt, das Kindlein schrie,
die heil'gen Drei Könige sangen.

Heinrich Heine

DAS WUNDER KOMMT

Schwarz ist die Nacht; es kracht das Eis;
Die ganze Welt ist eingeschneit;
Es steht kein Stern am Himmel,
Am Himmel.

Da sieh: es blitzt ein zitternd Licht,
Ein Stern blitzt aus dem Schwarz heraus,
Ein roter Stern von Golde,
Von Golde.

So hat dereinst der Stern geblitzt,
Nach dem die heiligen Drei gereist
Mit Weihrauch und mit Myrrhen,
Mit Myrrhen.

Den Heiland hat der Stern gebracht;
In dieser Nacht zerbrach das Eis;
Das Wunder kommt: Der Frühling,
Der Frühling.

Otto Julius Bierbaum

DIE HEILIGEN DREI KÖNIGE
Legende

Einst als am Saum der Wüsten sich
auftat die Hand des Herrn
wie eine Frucht, die sommerlich
verkündet ihren Kern,
da war ein Wunder: Fern
erkannten und begrüßten sich
drei Könige und ein Stern.

Drei Könige von Unterwegs
und der Stern Überall,
die zogen alle (überleg's!)
so rechts ein Rex und links ein Rex
zu einem stillen Stall.

Was brachten die nicht alles mit
zum Stall von Bethlehem!
Weithin erklirrte jeder Schritt,
und der auf einem Rappen ritt,
saß samten und bequem.
Und der zu seiner Rechten ging,
der war ein goldner Mann,
und der zu seiner Linken fing
mit Schwung und Schwing
und Klang und Kling
aus einem runden Silberding,
das wiegend und in Ringen hing,
ganz blau zu rauchen an.

Da lachte der Stern Überall
so seltsam über sie,
und lief voraus und stand am Stall
und sagte zu Marie:

Da bring ich eine Wanderschaft
aus vieler Fremde her.
Drei Könige mit magenkraft[1],
von Gold und Topas schwer
und dunkel, tumb und heidenhaft, –
erschrick mir nicht zu sehr.
Sie haben alle drei zuhaus
zwölf Töchter, keinen Sohn,
so bitten sie sich deinen aus
als Sonne ihres Himmelblaus
und Trost für ihren Thron.
Doch musst du nicht gleich glauben: bloß
ein Funkelfürst und Heidenscheich
sei deines Sohnes Los.
Bedenk, der Weg ist groß.
Sie wandern lange, Hirten gleich,
inzwischen fällt ihr reifes Reich
weiß Gott wem in den Schoß.
Und während hier, wie Westwind warm,
der Ochs ihr Ohr umschnaubt,
sind sie vielleicht schon alle arm
und so wie ohne Haupt.

---

1   Mittelhochdeutsch: »Macht«

Drum mach mit deinem Lächeln licht
die Wirrnis, die sie sind,
und wende du dein Angesicht
nach Aufgang und dein Kind;
dort liegt in blauen Linien,
was jeder dir verließ:
Smaragda und Rubinien
und die Tale von Türkis.

Rainer Maria Rilke

DIE HOHEN TANNEN ATMEN HEISER

Die hohen Tannen atmen heiser
im Winterschnee, und bauschiger
schmiegt sich sein Glanz um alle Reiser.
Die weißen Wege werden leiser,
die trauten Stuben lauschiger.

Da singt die Uhr, die Kinder zittern:
Im grünen Ofen kracht ein Scheit
und stürzt in lichten Lohgewittern, –
und draußen wächst im Flockenflittern
der weiße Tag zur Ewigkeit.

Rainer Maria Rilke

WEIHNACHTSLIED

Vom Himmel in die tiefsten Klüfte
Ein milder Stern herniederlacht;
Vom Tannenwalde steigen Düfte
Und hauchen durch die Winterlüfte,
Und kerzenhelle wird die Nacht.

Mir ist das Herz so froh erschrocken,
Das ist die liebe Weihnachtszeit!
Ich höre fernher Kirchenglocken
Mich lieblich heimatlich verlocken
In märchenstille Herrlichkeit.

Ein frommer Zauber hält mich wieder,
Anbetend, staunend muss ich stehn;
Es sinkt auf meine Augenlider
Ein goldner Kindertraum hernieder,
Ich fühl's, ein Wunder ist geschehn.

Theodor Storm

WEIHNACHTEN

Markt und Straßen stehn verlassen,
Still erleuchtet jedes Haus,
Sinnend geh ich durch die Gassen,
Alles sieht so festlich aus.

An den Fenstern haben Frauen
Buntes Spielzeug fromm geschmückt,
Tausend Kindlein stehn und schauen,
Sind so wunderstill beglückt.

Und ich wandre aus den Mauern
Bis hinaus ins freie Feld,
Hehres Glänzen, heil'ges Schauern!
Wie so weit und still die Welt!

Sterne hoch die Kreise schlingen,
Aus des Schnees Einsamkeit
Steigt's wie wunderbares Singen –
O du gnadenreiche Zeit!

Joseph von Eichendorff

WEIHNACHTSABEND

An die hellen Fenster kommt er gegangen
Und schaut in des Zimmers Raum;
Die Kinder alle tanzten und sangen
Um den brennenden Weihnachtsbaum.

Da pocht ihm das Herz, dass es will zerspringen;
»Oh«, ruft er, »lasst mich hinein!
Was Frommes, was Fröhliches will ich euch singen
Zu dem hellen Kerzenschein.«

Und die Kinder kommen, die Kinder ziehen
Zur Schwelle den nächtlichen Gast;
Still grüßen die Alten, die Jungen umknien
Ihn scheu in geschäftiger Hast.

Und er singt: »Weit glänzen da draußen die Lande
Und locken den Knaben hinaus;
Mit klopfender Brust, im Reisegewande
Verlässt er das Vaterhaus.

Da trägt ihn des Lebens breitere Welle –
Wie war so weit die Welt!
Und es findet sich mancher gute Geselle,
Der's treulich mit ihm hält.

Tief bräunt ihm die Sonne die Blüte der Wangen,
Und der Bart umsprosset das Kinn;
Den Knaben, der blond in die Welt gegangen,
Wohl nimmer erkennet ihr ihn.

Aus goldenen und aus blauen Reben
Es mundet ihm jeder Wein;
Und dreister greift er in das Leben
Und in die Saiten ein.

Und für manche Dirne mit schwarzen Locken
Im Herzen findet er Raum; –
Da klingen durch das Land die Glocken,
Ihm war's wie ein alter Traum.

Wohin er kam, die Kinder sangen,
Die Kinder weit und breit;
Die Kerzen brannten, die Stimmlein klangen,
Das war die Weihnachtszeit.

Da fühlte er, dass er ein Mann geworden;
Hier gehörte er nicht dazu.
Hinter den blauen Bergen im Norden
Ließ ihm die Heimat nicht Ruh.

An die hellen Fenster kam er gegangen
Und schaut' in des Zimmers Raum;
Die Schwestern und Brüder tanzten und sangen
Um den brennenden Weihnachtsbaum.« –

Da war es, als würden lebendig die Lieder
Und nahe, der eben noch fern;
Sie blicken ihn an und blicken wieder;
Schon haben ihn alle so gern.

Nicht länger kann er das Herz bezwingen,
Er breitet die Arme aus:
»Oh, schließet mich ein in das Preisen und Singen,
Ich bin ja der Sohn vom Haus!«

Theodor Storm

ES GIBT SO WUNDERWEISSE NÄCHTE

Es gibt so wunderweiße Nächte,
drin alle Dinge Silber sind.
Da schimmert mancher Stern so lind,
als ob er fromme Hirten brächte
zu einem neuen Jesuskind.

Weit wie mit dichtem Demantstaube
bestreut, erscheinen Flur und Flut,
und in die Herzen, traumgemut,
steigt ein kapellenloser Glaube,
der leise seine Wunder tut.

Rainer Maria Rilke

WEIHNACHTSGLOCKEN

Tauchet, heil'ge Klänge, wieder
ganz in meinen Glauben mich!
Quellet, quellt, ihr alten Lieder:
füllet ganz mit Reinheit mich!

dass ich in die Knie fallen,
Ein Mal wieder beten kann,
Ein Mal wie ein Kind noch lallen
und die Hände falten kann!

Denn ich fühl's: die Liebe lebet,
die in Ihm geboren worden,
ob sie gleich in Rätseln schwebet,
ob gleich Er gekreuzigt worden;

denn ich sehe fromm sie werden –
heute, Ewig fromm – die Menschen,
wenn es klinget: Fried' auf Erden
und ein Wohlgefall'n den Menschen!

Richard Dehmel

WEIHNACHTSLIED

Auf, schicke dich,
Recht feierlich
Des Heilands Fest mit Danken zu begehen!
Lieb ist der Dank,
Der Lobgesang,
Durch den wir ihn, den Gott der Lieb, erhöhen.

Sprich dankbar froh:
Also, also
Hat Gott die Welt in seinem Sohn geliebet!
O, wer bin ich,
Herr, dass du mich
So herrlich hoch in deinem Sohn geliebet?

Er, unser Freund,
Mit uns vereint,
Zur Zeit, da wir noch seine Feinde waren;
Er wird uns gleich,
Um Gottes Reich
Und seine Lieb im Fleisch zu offenbaren.

An ihm nimm teil,
Er ist das Heil;
Tu täglich Buß' und glaub an seinen Namen.
Der ehrt ihn nicht,
Wer Herr, Herr, spricht,
Und doch nicht sucht sein Beispiel nachzuahmen.

Aus Dank will ich
In Brüdern dich,
Dich, Gottessohn, bekleiden, speisen, tränken;
Der Frommen Herz
In ihrem Schmerz
Mit Trost erfreun, und dein dabei gedenken.

Rat, Kraft und Held,
Durch den die Welt
Und alles ist, im Himmel und auf Erden!
Die Christenheit
Preist dich erfreut,
Und aller Knie soll dir gebeuget werden.

Erhebt den Herrn!
Er hilft uns gern,
Und wer ihn sucht, den wird sein Name trösten.
Halleluja!
Halleluja!
Freut euch des Herrn, und jauchzt ihm, ihr Erlösten!

Christian Fürchtegott Gellert

WEIHNACHTSLIED

Am Weihnachtsabend in der Still'
Ein tiefer Schlaf mich überfiel
Mit Freuden ganz umflossen;
Mein' Seel' empfing viel Süßigkeit,
Vor Trost ich schier zerflossen.

Ich träumte wie ein Engel käm'
Und führte mich gen Bethlehem,
Ins jüd'sche Land gar ferne:
Ein Wunderding sich hier begab,
Hör' zu, dies von mir lerne.

In einen Stall ging ich hinein,
Darin ein Ochs und Eselein
Ihr Heu beim Kripplein aßen:
Ein frommer Mann, ein' Jungfrau zart
Bei ihnen kläglich saßen.

Die Jungfrau hat auf ihrem Schoß
Ein Kindelein ganz nackt und bloß,
Doch schien es als die Sonne:
Sein' Äuglein strömten Glanz umher
Gleichwie ein lichter Bronne.

Dies Kindlein ward der große Gott,
Der uns Bedrängten hilft aus Not,
Der alle Dinge machte;
Die Welt erkennt den Schöpfer nicht,
So gar sie ihn verachte.

In arme schlechte Windelein
Ihr Kind die Jungfrau wickelt ein,
Legt's in die Kripp' mit Neigen;
Dies ist der Thron, wo Gottes Sohn
Sein' Liebe wollt' bezeigen.

Hört weiter an, was ich euch sag:
Die Nacht ward licht, als wär' es Tag,
Viel Engel hört man singen;
Mit Harfen und mit Lautenklang
In hoher Luft erklingen.

Ein Engel sprach zur Hirtenschar:
Entsetzt euch nicht, nur Freud' fürwahr
Hört ihr aus meinem Munde;
Eu'r Heiland jetzt geboren ist,
Frisch auf zu dieser Stunde!

Alsbald die Hirten dies gehört,
Beschlossen sie auch ungestört
Gen Bethlehem zu reisen;
Das Kindlein dorten anzuschaun,
Ihm Liebe zu beweisen.

Sie zogen hin mit schneller Eil',
Der Weg war eine halbe Meil',
Bis sie zum Kripplein kamen;
Sieh da, Maria fanden sie,
Joseph, das Kind zusammen.

Als sie daselbst gegangen ein,
Joseph hieß sie willkommen sein,
Dem sie erzeigten Ehre;
Da zeigten sie die Wunder an,
Dies freut die Mutter sehre.

Sie fielen nieder hin zur Erd',
Anbeteten den Heiland wert,
Für Freud' sie mussten weinen;
Dann opfern sie ihm Gaben auf,
Ein Lämmlein von den Kleinen.

Alsbald kehrten sie wieder um,
Es ward das Evangelium
Durch sie bekannt im Lande;
Es ihnen niemand glauben wollt',
Wes' Orts er war und Stande.

Dies ist's, was ich im Traum gesehn,
Doch ist's kein Traum, es ist geschehn,
Was ich als Traum erzählet;
Wahr und wahrhaftig dieses ist,
Nichts ist daran gefehlet.

Friedrich Schlegel

WEIHNACHTEN

Bäume leuchtend, Bäume blendend,
Überall das Süße spendend,
In dem Glanze sich bewegend,
Alt und junges Herz erregend –
Solch ein Fest ist uns bescheret,
Mancher Gaben Schmuck verehret;
Staunend schaun wir auf und nieder,
Hin und her und immer wieder.

Aber, Fürst, wenn dir's begegnet
Und ein Abend so dich segnet,
Dass als Lichter, dass als Flammen
Vor dir glänzten allzusammen
Alles, was du ausgerichtet,
Alle, die sich dir verpflichtet:
Mit erhöhten Geistesblicken
Fühltest herrliches Entzücken.

Johann Wolfgang von Goethe

Seht! der jetzt hier vor euch steht

Seht! der jetzt hier vor euch steht,
Ist ein Engel aus dem Himmel,
Von den Sternen hergeweht,
Ach, ins irdische Gewimmel.

Mit Knecht Ruprecht ging ich viel
Vor den schönen Christkindtagen;
Immer neu war unser Ziel,
Seinen Rucksack half ich tragen.

Unsrer Gaben Fülle lag
Fest verschlossen in Verstecken,
Dass nicht vor dem Jesustag
Naseweischen sie entdecken.

Ein Klein-Lottchen konnt ich sehn,
Mit dem Brüderchen, dem Fritzen:
Suchten emsig auf den Zehn
Schlüsselloch und Türenritzen.

Kinder, ward der alte Mann
Böse, zeigte schon die Rute!
Doch ich sprach ihn freundlich an,
Bis ihm wieder lieb zumute.

Und nun trägt vom hellen Baum
Jeder seinen Schatz in Händen,
Und er lässt sich selbst im Traum
Die Geschenke nicht entwenden.

Ganz besonders diesmal fand
Märchenbuch ich und Geschichten;
Denn ich kam in jenes Land,
Wo die Menschen alle dichten.

Bleibt ihr artig, kleine Schar,
Wird Knecht Ruprecht an euch denken,
Bringt euch auch im nächsten Jahr
Einen Sack voll von Geschenken.

Und dann steht ihr wie im Traum,
Und von Neuem seht ihr wieder
Kerzenglanz und Tannenbaum
Und hört alte Weihnachtslieder.

Detlev von Liliencron

EINE WEIHNACHTSEPISTEL

Du neidest mich mit deinem gönnenden
Selbstlosen Neide, Freund, um all den Zauber
An Farb' und Licht und immergrünem Flor
Des Winters hier im Süden. Einzig nur,
Dass es um Weihnacht uns an Schnee und Eis
Und Schlittenbahn gebricht, »was doch durchaus
Gehört zu einem richtigen heil'gen Christ«,
Müss' ich wohl auch beklagen. Freilich war's
Mir selbst verwunderlich, als frühe schon
Die heil'ge Nacht vom klaren Firmament
Herabsank und ich hoch am Bergeshang
Hinschlendernd auf den See herniedersah, –
Weitum der Ufer rein geschwungner Ring,
Der einer edlen Silberschale gleich
Die dunkle Flut umfasste, – dass mich noch
So lind die Luft umspielte, wie bei euch
Im Mai, und dachte: Heut ist Heiligabend;
Heut flockt vielleicht der Schnee in dichtem Schwarm
Auf Münchens Gassen, oder schneit es nicht,
So heult ein rauer Winterwind mit Macht
Weit vom Gebirg' daher, dass, die verspätet
Noch unterwegs sind, ihre roten Nasen
Tief in den Kragen stecken und trotzdem
Den trefflichsten Katarrh nach Hause bringen. –
Nun, ländlich sittlich. Auch ein Schnupfen wohl
Gehört zu einem »richtigen« Weihnachtsfest,
Und mit Silvesterpunsch kuriert man ihn.

Mich aber dünkt, die erste Weihnacht, die
Historische, hat von Katarrhen nichts
Und Sturm und Schnee gewusst. Lag doch, gehüllt
In leichte Windeln nur, im offnen Stall
Das liebe Christkind. Und die Hirten, die
Des Engels Botschaft hörten, ihre Herden
Auf freiem Felde hütend bei der Nacht,
Sie krochen frierend nicht in dumpfe Hütten,
Denn lau und lieblich war die Luft. Auch ragt'
Ein Lorbeer wohl hoch an des Stalles Mauer
Und strömte seinen Duft aufs Kripplein nieder,
Noch ehe die drei Könige mit Weihrauch
Und Myrrhen kamen. Eines Palmbaums Krone
War ausgebreitet als ein Baldachin
Zum Schirm der dürft'gen Wiege. Drinnen aber
Das Himmelskind bedurfte wahrlich nicht
Der goldnen Kerzchen unsrer Weihnachtstannen.
Denn in der Nacht des Südens funkelte,
Geschart um jenen Leitstern, das Gewimmel
Der Goldgestirne – fast wie überm See
Sie heut erglänzen, wo aus tiefem Blau
Sie nach und nach aufglimmen, während rings
Geläut ertönt – meinst du nicht doch, man könn'
Auch ohne Schnee und Eis an dieser Stätte
Die richtige Weihnacht feiern? – – –

Paul Heyse

EISBLUMEN ZU WEIHNACHTEN

Das unfruchtbare Eis, kalt, panzerglatt,
Verhärtet Leben, das dem Tode dient,
Der sich, der Farblose, mit ihm umschient –
Das Eis, das keine Seele hat,
Das unbewegte, allen Lebens Bann:

Das starre Eis selbst ist nicht tot.
In ihm auch wirkt gestaltendes Gebot,
Der Schönheit Triebkraft ward auch ihm:
Es setzt geheimnisvolle Blüten an,
Und Schwingenrispen, wie dem Seraphim
Gefiederüppig sie aus Schulternrund,
Gekraust, geschwungen, tausendförmig und
In tausend Formen eine Form, entsprießen,
Siehst du im Eis nach innerstem Gesetz,
Ein wunderbares Bild, zusammenschießen.
Die ärmste Scherbe trägt ein Wundernetz,
Und alles gleißt von Wundersilberfliesen.

Sieh, Mensch, mit Andacht diesem Wunder zu
Und glaub ans Leben! Überall sind Triebe.
Es ist kein Wahn: Im Tode selbst ist Liebe,
Und neues Werden und bewegte Ruh.

Otto Julius Bierbaum

WEIHNACHTEN

Zwar ist das Jahr an Festen reich,
Doch ist kein Fest dem Feste gleich,
Worauf wir Kinder Jahr aus Jahr ein
Stets harren in süßer Lust und Pein.

O schöne, herrliche Weihnachtszeit,
Was bringst du Lust und Fröhlichkeit!
Wenn der heilige Christ in jedem Haus
Teilt seine lieben Gaben aus.

Und ist das Häuschen noch so klein,
So kommt der heilige Christ hinein,
Und alle sind ihm lieb wie die Seinen,
Die Armen und Reichen, die Großen und Kleinen.

Der heilige Christ an alle denkt,
Ein jedes wird von ihm beschenkt.
Drum lasst uns freu'n und dankbar sein!
Er denkt auch unser, mein und dein.

August Heinrich Hoffmann von Fallersleben

SCHNEELIED ZU WEIHNACHTEN

Du trittst mich, singt der Schnee,
Mir aber tut's nicht weh:
Ich knirsche nicht, ich singe;
Dein Fuß ist wie der Bogenstrich,
Dass meine Seele klinge.
Hör und verstehe mich –:
Getreten singe ich,
Und nichts als frohe Dinge.
Denn, die getreten sind,
Wissen, es kam ein Kind,
Gar sehr geringe,
In einem Stall zur Welt:
Das hat sein Herz wie ein leuchtendes Licht
In große Finsternis gestellt.

Es wurde zerschlagen. Verloschen ist's nicht.

Otto Julius Bierbaum

WEIHNACHTEN

Wenn herüber zu meinem Garten
Die alten Lieder tönen,
Der Pfeifer, die aus dem Gebirge kommend
Jeglich Marienbild mit Weisen grüßen,
So dünk' ich mich in seltsame, ferne
Wunderzeiten entrückt,
Und alte Legenden, und himmlische Sehnsucht,
Zarte Lieb' und große Erinnerung
Quellen aus den rauen, einfachen Tönen.
Tiefer, und inniger
Spricht der Frömmigkeit Wort
Die wunderliche Melodie,
Als in den Kirchen
Der neuen Künstler Wirrwarr,
Die alle Töne keck aufbieten
Um zu heucheln und zu grimassieren,
Und mit weltlichem Prunk
Das Heilige höhnen.

Ludwig Tieck

WEIHE-NACHT

Ein leises Rauschen durch die Tannenzweige –
des kurzen Tages Zwielicht geht zur Neige.

Im Westen glimmt ein matter Rosenstreif,
auf stille Fluren fällt der weiße Reif.

Der weiße Reif, der rings das Feierkleid
der Erde stickt mit flimmerndem Geschmeid.

Der Abend kommt. Es kommt die heilige Nacht,
die aus den Menschen selige Kinder macht,

die Weihe-Nacht, da trost- und wundersam
ein Märchentraum zur dunklen Erde kam:

Der Friedenskönig, den die Welt verstieß,
weil er die Armen Gottes Kinder hieß.

Weil er den Sanften, der den Frieden liebt,
den Liebenden, der seine Seele gibt,

weit über alle Reichen dieser Welt,
hoch über alle Herrschenden gestellt.

Du Weiser, seit die Engelharfen klangen,
sind nun Jahrtausende dahingegangen,

die deinen Namen auf den Fahnen trugen
und zu den fernsten Ländern Brücken schlugen,

Millionen Kirchen prangen dir zum Ruhme,
die ewige Flamme brennt im Heiligtume …

Und dennoch, du, der Sklaven Heil gespendet,
du wärst noch heut in tiefe Nacht gesendet,

du schienst auch heut in unser finstres Tal
aus fernen Himmeln, ein verirrter Strahl;

und gingest du im schlichten Arbeitskleid
durch deine Menschheit, deine Christenheit,

sie hätten heute dir das Kreuz errichtet
und morgen dir den Holzstoß aufgeschichtet!

Hoch auf dem Grunde, den dein Blick gesucht,
darüber hin rast laut der Zeiten Flucht,

da regt sich's dumpf, und aus der Erde Schoß
ringt sich der Urquell aller Sehnsucht los.

Die Welt durchhallt ein Schrei nach Luft und Licht:
Wann braust du, Strom, der Wall und Schranke bricht?

Wann kommst du, Tag, da hell die Sonne steigt,
vor deren Glanz der tiefste Schatten weicht?

Ich sah dein dunkles Angesicht
erglühn in einem Strom von Licht. –
Ich sah dein Aug, das sonst so trübe,
verklärt von einem Strahl der Liebe.

Da ward mir traumhaft wunderbar
zumut; in tiefster Seele war
mir's fast, als könnt der lichte Schein
ein Abglanz meiner Liebe sein.

Clara Müller-Jahnke

CHRISTNACHT

Wieder mit Flügeln, aus Sternen gewoben,
Senkst du herab dich, o heilige Nacht;
Was durch Jahrhunderte Alles zerstoben –
Du noch bewahrst deine leuchtende Pracht!

Ging auch der Welt schon der Heiland verloren,
Der sich dem Dunkel der Zeiten entrang,
Wird er doch immer auf's Neue geboren,
Nahst du, Geweihte, dem irdischen Drang.

Selig durchschauernd kindliche Herzen,
Bist du des Glaubens süßester Rest;
Fröhlich begangen bei flammenden Kerzen,
Bist du das schönste, das menschlichste Fest.

Leerend das Füllhorn beglückender Liebe,
Schwebst von Geschlecht zu Geschlecht du vertraut –
Wo ist die Brust, die verschlossen dir bliebe,
Nicht dich begrüßte mit innigstem Laut?

Und so klingt heut' noch das Wort von der Lippe,
Das einst in Bethlehem preisend erklang,
Strahlet noch immer die liebliche Krippe –
Tönt aus der Ferne der Hirten Gesang …

Was auch im Sturme der Zeiten zerstoben –
Senke herab dich in ewiger Pracht,
Leuchtende du, aus Sternen gewoben,
Frohe, harzduftende, heilige Nacht!

Ferdinand von Saar

WEIHNACHT

Es klingt ein Lied aus alter Zeit,
Wie Sternentraum so rein,
Von eines Kindleins Herrlichkeit
Und schlichter Hütte hellem Schein.

In eine Nacht von Wahn gebar,
Als sich die Zeit erfüllt,
Das Weib den Menschensohn, der klar
Den Widersinn der Welt enthüllt.

Sein Auge war so himmelstief,
Durchstrahlte Trug und List;
Der Lichtheld wuchs, sein Schicksal rief:
Am Kreuze hing der erste Christ.

Noch immer hängt der Mensch am Kreuz,
Noch immer jammern Fraun,
Dem Glockenklang des Weihgeläuts
Mischt sich des Wahnsinns Weh und Graun.

Der Geist, der stark mit Feuer tauft,
Wird immer noch geschmäht,
Noch wird verraten und verkauft,
Wer Saat der kühnen Liebe sät.

Noch sind so viele Augen blind,
Herrscht ungerecht Gericht –
Doch wieder ward die Wahrheit Kind,
Und langsam, langsam wächst ihr Licht.

Karl Henckell

WEIHNACHTEN WIRD ES FÜR DIE WELT

Weihnachten wird es für die Welt!
Mir aber – ist mein Lenz bestellt,
Mir ging in solcher Jahresnacht
Einst leuchtend auf der Liebe Pracht!
Und an der Kindheit Weihnachtsbaum
Stand Englein gleich der erste Traum!
Und aus dem eiskristall'nen Schoß
Rang sich die erste Blüte los –

Seitdem schau' ich nun jedes Jahr
Nicht was noch ist – nur was einst war!

Adele Schopenhauer

WEIHNACHT
Ein Dreiklang

1
Weihnacht, wunderbares Land,
Wo die grünen Tannen,
Sternenflimmernd rings entbrannt,
Jeden Pilger bannen!

Glücklich kindlicher Gesang
Schwebt um heilige Hügel,
Schwebt der Heimat Welt entlang,
Sehnsucht seine Flügel.

Friedestarken Geistes Macht
Sehnt sich, zu verbünden,
Über aller Niedertracht
Muss ein Licht sich zünden.

Lebens immergrüner Baum
Trägt der Liebe Krone –
Und ein milder Sternentraum
Küsst die starrste Zone.

2
Es klingt ein Lied aus alter Zeit
Wie Sternentraum so rein,
Von eines Kindleins Herrlichkeit
Und schlichter Hütte hellem Schein.

In eine Nacht von Wahn gebar,
Als sich die Zeit erfüllt,
Das Weib den Menschensohn, der klar
Den Widersinn der Welt enthüllt.

Sein Auge war so himmelstief,
Durchstrahlte Trug und List;
Der Lichtheld wuchs, sein Schicksal rief,
Am Kreuze hing der erste Christ.

Noch immer hängt der Mensch am Kreuz,
Noch immer jammern Fraun,
Dem Glockenklang des Weihgeläuts
Mischt sich des Wahnsinns Weh und Graun.

Der Geist, der stark mit Feuer tauft,
Wird immer noch geschmäht,
Noch wird verraten und verkauft,
Wer Saat der kühnen Liebe sät.

Noch sind so viele Augen blind,
Herrscht ungerecht Gericht –
Doch wieder ward die Wahrheit Kind,
Und langsam, langsam wächst ihr Licht.

3
Der Wanderer geht durch die weite Nacht,
Sein Sinn ist offen, sein Auge wacht.
Er lauscht in das schwangere Schweigen –
Die Sterne ziehen den Reigen.

Sie ziehen den Reigen vieltausend Jahr,
Die Welt ist dunkel, ihr Licht bleibt klar,
Sie sehen aus silbernen Höhen
Der Erde zuckende Wehen.

Der Wanderer horcht dem sausenden Sang
Frostblinkender Drähte meilenlang,
Sie singen von Sehnsucht und Hassen
Ringender Menschenmassen.

Sie singen von rastloser Forscher Mühn,
Von Geisterflammen, die läuternd glühn,
Von Krieg, Hosianna und Grausen
Heimlich sie singen und sausen.

Der Wanderer schaut ob Unglück und Glück
Auf seinen einsamen Pfad zurück.
Dann weilt auch der Hüter der Erde
Am nächsten feiernden Herde.

Er hebt ein Kindlein traut auf den Arm –
Wie wird der Atem der Welt ihm warm! –
Und rastet beim Lichterbaume,
Lächelnd wie tief im Traume . . .

Karl Henckell

EINE WEIHNACHTSSTUNDE

Lass, Liebster, die Lampe noch stehen
und rücke mit mir zum Kamin,
und lass in die Flammen uns sehen
und lauschen dem Zauber darin!

Und lege dein Haupt ans Herz mir
und blicke nicht traurig drein,
dass wir am Heiligen Abend
im Dunkeln sitzen! allein!

Horch, wie im Ofen wispert
die Glut ihr heimlich Lied!
schau, wie ein Lichterreigen
über die Diele zieht!

Draus schwillt's wie ein Singen und Weben
von Märchenherrlichkeit,
drin spielt's wie ein Schwingen und Schweben
von Träumen der Kinderzeit:

als wir noch fromm gebetet
zum lieben Jesuchrist,
der für uns arme Sünder
vom Himmel kommen ist, –

als wir noch nicht verstanden,
warum auf Golgatha
ein brechend Menschenauge
einst mild zur Erde sah.

Und denke der großen Liebe,
die treu bis in den Tod
gerungen und gelitten
für all der Brüder Not!

Und denke des großen Glaubens,
den Er zur Menschheit trug
noch in der letzten Stunde,
da man ans Kreuz ihn schlug!

Und blicke nicht trüb, mein Liebster,
dass Du noch ringst allein!
und hoffe wie Er, dass einstens
die Goldne Zeit wird sein! – –

Nun sehe dein Auge ich leuchten
und strahlen Eigne Glut,
nun richtet das Haupt dir wieder
empor der alte Mut.

Du bist mein Stolzer, mein Starker!
du führst es alles aus!
Oh gründe und baue nur weiter
an deinem stolzen Haus! –

Und übers Jahr ist's anders –
Neig' her dein Ohr geschwind:
da schmücken wir ein Bäumchen
für ein lieb Menschenkind.

Richard Dehmel

WEIHNACHTEN

Einmal kommst du zu mir in der Abendstunde
Aus meinem Lieblingssterne weich entrückt
Das ersehnte Liebeswort im Munde
Alle Zweige warten schon geschmückt.

O ich weiß, ich leuchte wieder dann,
Denn du zündest meine weißen Lichte an.

»Wann?« – ich frage seit ich dir begegnet – »wann?«
Einen Engel schnitt ich mir aus deinem goldenen
        Haare
Und den Traum, der mir so früh zerrann.
O ich liebe dich, ich liebe dich,
Ich liebe dich!

Hörst du, ich liebe dich – – –
Und unsere Liebe wandelt schon Kometenjahre,
Bevor du mich erkanntest und ich dich.

Else Lasker-Schüler

WEIHNACHT

Weihnachtsgeläute
Im nächtigen Wind …
Wer weiß, wo heute
Die Glocken sind,
Die Töne von damals sind?

Die lebenden Töne
Verflogener Jahr'
Mit kindischer Schöne
Und duftendem Haar,
Mit tannenduftigem Haar,

Mit Lippen und Locken
Von Träumen schwer? …
Und wo kommen die Glocken
Von heute her,
Die wandernden heute her?

Die kommenden Tage,
Die wehn da vorbei.
Wer hört's, ob Klage,
Ob lachender Mai,
Ob blühender, glühender Mai? …

Hugo von Hofmannsthal

WEIHNACHTEN

Liebeläutend zieht durch Kerzenhelle,
Mild, wie Wälderduft, die Weihnachtszeit,
Und ein schlichtes Glück streut auf die Schwelle
Schöne Blumen der Vergangenheit.

Hand schmiegt sich an Hand im engen Kreise,
Und das alte Lied von Gott und Christ
Bebt durch Seelen und verkündet leise,
Dass die kleinste Welt die größte ist.

Joachim Ringelnatz

ZUM WEIHNACHTEN
Mit Märchen

Mädchen, in die Kinderschuhe
Tritt noch einmal mir behänd!
Folg mir durch des Abends Ruhe,
Wo der dunkle Taxus brennt.

Engel knien an der Schwelle,
Hütend bei dem frommen Schein;
Von den Lippen klingt es helle:
Nur die Kindlein gehen ein!

Doch du schaust mich an verwundert,
Sprichst: »Vertreten sind die Schuh;
Unter alt vergessnem Plunder
Liegt die Puppe in der Truh'.«

Horch nur auf! Die alten Märchen
Ziehn dich in die alte Pracht!
Wie im Zauberwald das Pärchen
Schwatzen wir die ganze Nacht.

Von Schneewittchen bei den Zwergen,
Wo sie lebte unerkannt
Und war hinter ihren Bergen
Doch die Schönst' im ganzen Land.

Von Hans Bärlein, der im Streite
Einen Riesenritter schlug,
Der die Königstochter freite,
Endlich gar die Krone trug.

Von dem Dichter auch daheime,
Der ein Mädchen, groß und schlank,
Durch die Zauberkraft der Reime
Rückwärts in die Kindheit sang.

Theodor Storm

WEIHNACHT

Wie bewegt mich wundersam
Euer Hall, ihr Weihnachtsglocken,
Die ihr kündet mit Frohlocken,
Dass zur Welt die Gnade kam.

Überm Hause schien der Stern,
Und in Lilien stand die Krippe,
Wo der Engel reine Lippe
Hosianna sang dem Herrn.

Herz, und was geschah vordem,
Dir zum Heil erneut sich's heute:
Dies gedämpfte Festgeläute
Ruft auch dich nach Bethlehem.

Mit den Hirten darfst du ziehn,
Mit den Königen aus Osten
Und in ihrer Schar getrosten
Muts vor deinem Heiland knien.

Hast du Gold nicht und Rubin,
Weihrauch nicht und Myrrhenblüte:
Schütt' aus innerstem Gemüte
Deine Sehnsucht vor ihm hin!

Sieh, die Händchen zart und lind
Streckt er aus, zum Born der Gnaden,
Die da Kinder sind, zu laden,
Komm! Und sei auch du ein Kind!

Emanuel Geibel

VERGOLDE DIE NÜSSE

Vergolde die Nüsse
Vergolde die Nüsse
Sie bleiben doch hart,
Und esse was süße
Und küsse was zart
Und putze das Bäumchen
Und zünde es an,
Schlaf goldene Träumchen,
Du kindischer Mann.
Heut träum dich in Eisen
Und Liebe getaucht
Und lass dir was weisen
Und wie es verraucht,
Und mach's nur wie alle
Und sei nur geschickt,
Tritt auf hoch mit Schalle
Tritt ab tief gebückt.

Achim von Arnim

GESCHICHTE EINES PFEFFERKUCHENMANNES

Es war einmal ein Pfefferkuchenmann,
von Wuchse, groß und mächtig,
und was seinen innern Wert betraf,
so sagte der Bäcker: »Prächtig«.

Auf dieses glänzende Zeugnis hin
erstand ihn der Onkel Heller
und stellte ihn seinem Patenkind,
dem Fritz, auf den Weihnachtsteller.

Doch kaum war mit dem Pfefferkuchenmann
der Fritz ins Gespräch gekommen,
da hatte er schon – aus Höflichkeit –
die Mütze ihm abgenommen.

Als schlafen ging der Pfefferkuchenmann,
da bog er sich krumm vor Schmerze:
an der linken Seite fehlte fast ganz
sein stolzes Rosinenherze!

Als Fritz tags drauf den Pfefferkuchenmann,
besuchte, ganz früh und alleine,
da fehlten, o Schreck, dem armen Kerl
ein Arm schon und beide Beine!

Und wo einst saß am Pfefferkuchenmann
die mächtige Habichtsnase,
da war ein Loch! Und er weinte still
eine bräunliche Sirupblase.

Von nun an nahm der Pfefferkuchenmann
ein reißendes, schreckliches Ende:
Das letzte Stückchen kam schließlich durch Tausch
in Schwester Margeretchens Hände.

Die kochte als sorgfältige Hausfrau draus
für ihre hungrige Puppe
auf ihrem neuen Spiritusherd
eine kräftige, leckere Suppe.

Und das geschah dem Pfefferkuchenmann,
den einst so viele bewundert
in seiner Schönheit bei Bäcker Schmidt,
im Jahre neunzehnhundert.

Jean Paul

DAS MÄNNLEIN IN DER GANS

Das Männlein ging spazieren einmal
Auf dem Dach, ei seht doch!
Das Männlein ist hurtig, das Dach ist schmal,
Gib acht, es fällt noch.
Eh' sich's versieht, fällt's vom Dach herunter
Und bricht den Hals nicht, das ist ein Wunder.

Unter dem Dach steht ein Wasserzuber,
Hinein fällt's nicht schlecht;
Da wird es nass über und über,
Ei, das geschieht ihm recht.
Da kommt die Gans gelaufen,
Die wird's Männlein saufen.

Die Gans hat's Männlein 'nuntergeschluckt,
Sie hat einen guten Magen;
Aber das Männlein hat sie doch gedruckt,
Das wollt' ich sagen.
Da schreit die Gans ganz jämmerlich;
Das ist der Köchin ärgerlich.

Die Köchin wetzt das Messer,
Sonst schneidt's ja nicht:
Die Gans schreit so, es ist nicht besser,
Als dass man sie sticht;
Wir wollen sie nehmen und schlachten
Zum Braten auf Weihnachten.

Sie rupft die Gans und nimmt sie aus
Und brät sie,
Aber das Männlein darf nicht raus,
Versteht sich.
Die Gans wird eben gebraten;
Was kann's dem Männlein schaden?

Weihnachten kommt die Gans auf den Tisch
Im Pfännlein;
Der Vater tut sie 'raus und zerschneid't sie frisch.
Und das Männlein?
Wie die Gans ist zerschnitten,
Kriecht's Männlein aus der Mitten.

Da springt der Vater vom Tisch auf,
Da wird der Stuhl leer;
Da setzt das Männlein sich drauf
Und macht sich über die Gans her.
Es sagt: »Du hast mich gefressen,
Jetzt will ich dafür dich essen.«

Da isst das Männlein gewaltig drauf los,
Als wären's seiner sieben;
Da essen wir alle dem Männlein zum Trotz,
Da ist nichts übergeblieben
Von der ganzen Gans, als ein Tätzlein,
Das kriegen dort hinten die Kätzlein.

Nichts kriegt die Maus,
Das Märlein ist aus.
Was ist denn das?
Ein Weihnachts-Spaß;
Aufs Neujahr lernst
Du, was?
Den Ernst.

Friedrich Rückert

ZUM 24. DEZEMBER 1890

Noch einmal ein Weihnachtsfest.
Immer kleiner wird der Rest,
Aber nehm' ich so die Summe,
Alles Grade, alles Krumme,
Alles Falsche, alles Rechte,
Alles Gute, alles Schlechte –
Rechnet sich aus all dem Braus
Doch ein richtig' Leben 'raus.
Und dies können ist das Beste
Wohl bei diesem Weihnachtsfeste.

Theodor Fontane

»Bunte Lichter ohne Zahl«

–

Der Weihnachtsbaum

DER TANNENBAUM

O Tannenbaum, o Tannenbaum!
Wie treu sind deine Blätter;
du grünst nicht nur zur Sommerzeit,
nein, auch im Winter, wenn es schneit.
O Tannenbaum, o Tannenbaum,
wie treu sind deine Blätter.

O Tannenbaum, o Tannenbaum,
du kannst mir sehr gefallen;
wie oft hat nicht zur Weihnachtszeit
ein Baum von dir mich hoch erfreut.
O Tannenbaum, o Tannenbaum,
du kannst mir sehr gefallen.

O Tannenbaum, o Tannenbaum,
dein Kleid will mich was lehren:
die Hoffnung und Beständigkeit
gibt Trost und Kraft zu jeder Zeit!
O Tannenbaum, o Tannenbaum,
dein Kleid will mich was lehren.

Ernst Anschütz

DER CHRISTBAUM IM TRAUM

Jüngst ist es mir im Traum geschehn,
Dass er mich ließ den Christbaum sehn.

Der stand daheim im Kämmerlein
Und gab von sich den goldnen Schein.

In seiner Helle lag verklärt,
Was uns der heil'ge Christ beschert.

Geblendet allen war der Blick,
Und fassbar schien uns kaum das Glück,

Bis uns die Eltern sprachen zu,
In ihren Mienen Himmelsruh'.

Doch eh' sie uns noch Mut gemacht,
War fort der Baum – und ich erwacht.

Martin Greif

PETER BAUM

Er war des Tannenbaums Urenkel,
Unter dem die Herren zu Elberfeld Gericht hielten.

Und freute sich an jedes glitzernd Wort
Und ließ sich feierlich plündern.

Dann leuchteten die beiden Saphire
In seinem fürstlichen Gesicht.

Immer drängte ich, wenn ich krank lag,
»Peter Baum soll kommen!!«

Kam er, war Weihnachten –
Ein Honigkuchen wurde dann mein Herz.

Wie konnten wir uns freuen!
Beide ganz egal.

Und oft bewachte er
Im Sessel schmausend meinen Schlummer.

Rote und gelbe Cyllaxbonbons aß er so gern;
Oft eine ganze Schüssel leer.

Nun schlummert unser lieber Pitter
Schon ewige Nächte lang.

»Wenn ich Euch alle glücklich erst
Im Himmel hätte –«

Sagte einmal gläubig zu den Söhnen
Seine Mutter.

Nun ist der Peter fern bewahrt
Im Himmel.

Und um des Dichters Riesenleib auf dem
          Soldatenkirchhof
Wächst sanft die Erde pietätvoll.

Else Lasker-Schüler

ADVENT

Es treibt der Wind im Winterwalde
Die Flockenherde wie ein Hirt,
Und manche Tanne ahnt, wie balde
Sie fromm und lichterheilig wird;
Und lauscht hinaus. Den weißen Wegen
Streckt sie die Zweige hin – bereit,
Und wehrt dem Wind und wächst entgegen
Der einen Nacht der Herrlichkeit.

Rainer Maria Rilke

DER WEIHNACHTSBAUM

Es ist eine Kälte, dass Gott erbarm!
Klagte die alte Linde,
Bog sich knarrend im Winde
Und klopfte leise mit knorrigem Arm
Im Flockentreiben
An die Fensterscheiben.
Es ist eine Kälte! Dass Gott erbarm!
Drinnen im Zimmer war's warm.
Da tanzte der Feuerschein so nett
Auf dem weißen Kachelofen Ballett.

Zwei Bratäpfel in der Röhre belauschten,
Wie die glühenden Kohlen
Behaglich verstohlen
Kobold- und Geistergeschichten tauschten.
Dicht am Fenster im kleinen Raum
Da stand, behangen mit süßem Konfekt,
Vergoldeten Nüssen und mit Lichtern besteckt,
Der Weihnachtsbaum.

Und sie brannten alle, die vielen Lichter,
Aber noch heller strahlten am Tisch
(Es lässt sich wohl denken
Bei den vielen Geschenken)
Drei blühende, glühende Kindergesichter. –
Das war ein Geflimmer
Im Kerzenschimmer!

Es lag ein so lieblicher Duft in der Luft
Nach Nadelwald, Äpfeln und heißem Wachs.
Tatti, der dicke Dachs,
Schlief auf dem Sofa und stöhnte behaglich.

Er träumte lebhaft, wovon, war fraglich,
Aber ganz sicher war es indessen,
Er hatte sich schon (die Uhr war erst zehn)
Doch man musste 's gestehn,
Es war ja zu sehn,
Er hatte sich furchtbar überfressen. –

Im Schaukelstuhl lehnte der Herzenspapa
Auf dem nagelneuen Kissen und sah
Über ein Buch hinweg auf die liebe Mama,
Auf die Kinderfreude und auf den Baum.

Schade, nur schade,
Er bemerkte es kaum,
Wie schnurgerade
Die Bleisoldaten auf dem Baukasten standen
Und wie schnell die Pfefferkuchen verschwanden.

– Und die liebste Mama? – Sie saß am Klavier.
Es war so schön, was sie spielte und sang,
ein Weihnachtslied, das zu Herzen drang.
Lautlos horchten die andern Vier.

Der Kuckuck trat vor aus der Schwarzwälderuhr,
Als ob auch ihm die Weise gefiel. – –
Leise, ergreifend verhallte das Spiel.

Das Eis an den Fensterscheiben taute
Und der Tannenbaum schaute
Durchs Fenster die Linde
Da draußen, kahl und beschneit
Mit ihrer geborstenen Rinde.

Da dachte er an verflossene Zeit
Und an eine andere Linde,
Die am Waldesrand einst neben ihm stand,
Sie hatten in guten und schlechten Tagen
Einander immer so lieb gehabt.

Dann wurde die Tanne abgeschlagen,
Zusammengebunden und fortgetragen.
Die Linde, die Freundin, die ließ man stehn.

Auf Wiedersehn! Auf Wiedersehn!
So hatte sie damals gewinkt noch zuletzt. –
Ja, daran dachte der Weihnachtsbaum jetzt,
Und keiner sah es, wie traurig dann
Ein Tröpfchen Harz, eine stille Träne,
Aus seinem Stamme zu Boden rann.

Joachim Ringelnatz

WEIHNACHTEN

Ein Bäumlein grünt im tiefen Tann,
Das kaum das Aug' erspähen kann,
Dort wohnt es in der Wildnis Schoß
Und wird gar heimlich schmuck und groß.

Der Jäger achtet nicht darauf,
Das Reh springt ihm vorbei im Lauf;
Die Sterne nur, die alles sehn,
Erschauen auch das Bäumlein schön.

Da, mitten in des Winters Graus,
Erglänzt es fromm im Elternhaus,
Wer hat es hin mit einem Mal
Getragen über Berg und Tal?

Das hat der heil'ge Christ getan.
Sieh dir nur recht das Bäumlein an!
Der unsichtbar heut' eingekehrt,
Hat manches Liebe dir beschert.

Martin Greif

DER TRAUM

Ich lag und schlief, da träumte mir
Ein wunderschöner Traum:
Es stand auf unserm Tisch vor mir
Ein hoher Weihnachtsbaum.

Und bunte Lichter ohne Zahl,
Die brannten rings umher,
Die Zweige waren allzumal
Von goldnen Äpfeln schwer.

Und Zuckerpuppen hingen dran:
Das war mal eine Pracht!
Da gab's, was ich nur wünschen kann
Und was mir Freude macht.

Und als ich nach dem Baume sah
Und ganz verwundert stand,
Nach einem Apfel griff ich da,
Und alles, alles schwand.

Da wacht' ich auf aus meinem Traum
Und dunkel war's um mich:
Du lieber schöner Weihnachtsbaum,
Sag' an, wo find' ich dich?

Da war es just, als rief' er mir:
»Du darfst nur artig sein,
Dann steh' ich wiederum vor dir –
Jetzt aber schlaf' nur ein!

Und wenn du folgst und artig bist,
Dann ist erfüllt dein Traum,
Dann bringet dir der heil'ge Christ
Den schönsten Weihnachtsbaum.«

August Heinrich Hoffmann von Fallersleben

DER WEIHNACHTSBAUM

Schön ist im Frühling die blühende Linde,
bienendurchsummt und rauschend im Winde,
hold von lieblichen Düften umweht.

Schön ist im Sommer die ragende Eiche,
die riesenhafte, titanengleiche,
die da in Wettern und Stürmen besteht.

Schön ist im Herbste des Apfelbaums Krone,
die sich dem fleißigen Pfleger zum Lohne
beugt von goldener Früchte Pracht.

Aber noch schöner weiß ich ein Bäumchen,
das gar so lieblich ins ärmlichste Räumchen
strahlt in der eisigen Winternacht.

Keiner kann mir ein schöneres zeigen:
Lichter blinken in seinen Zweigen,
goldene Äpfel in seinem Geist,

und mit schimmernden Sternen und Kränzen
sieht man ihn leuchten, sieht man ihn glänzen
anmutsvoll zum lieblichsten Fest.

Von seinen Zweigen ein träumerisch Düften
weihrauchwolkig weht in den Lüften,
füllet mit süßer Ahnung den Raum!

Dieser will uns am besten gefallen,
ihn verehren wir jauchzend vor allen,
ihn, den herrlichen Weihnachtsbaum!

Heinrich Seidel

DAS WEIHNACHTSBÄUMLEIN

Es war einmal ein Tännelein
mit braunen Kuchenherzlein
und Glitzergold und Äpflein fein
und vielen bunten Kerzlein:
Das war am Weihnachtsfest so grün
als fing es eben an zu blühn.

Doch nach nicht gar zu langer Zeit,
da stand's im Garten unten,
und seine ganze Herrlichkeit
war, ach, dahingeschwunden,
die grünen Nadeln war'n verdorrt,
die Herzlein und die Kerzlein fort.

Bis eines Tags der Gärtner kam,
den fror zu Haus im Dunkeln,
und es in seinen Ofen nahm –
Hei! Tat's da sprühn und funkeln!
Und flammte jubelnd himmelwärts
in hundert Flämmlein an Gottes Herz.

Christian Morgenstern

UND WIEDER NUN LÄSST AUS DEM DUNKELN

Und wieder nun lässt aus dem Dunkeln
Die Weihnacht ihre Sterne funkeln!
Die Engel im Himmel hört man sich küssen
Und die ganze Welt riecht nach Pfeffernüssen …

So heimlich war es die letzten Wochen,
Die Häuser nach Mehl und Honig rochen,
Die Dächer lagen dick verschneit
Und fern, noch fern schien die schöne Zeit.
Man dachte an sie kaum dann und wann.
Mutter teigte die Kuchen an
Und Vater, dem mehr der Lehnstuhl taugte,
Saß daneben und las und rauchte.
Da plötzlich, eh man sich's versah,
Mit einem Mal war sie wieder da.

Mitten im Zimmer steht nun der Baum!

Man reibt sich die Augen und glaubt es kaum …
Die Ketten schaukeln, die Lichter wehn,
Herrgott, was gibt's da nicht alles zu sehn!
Die kleinen Kügelchen und hier
Die niedlichen Krönchen aus Goldpapier!
Und an all den grünen, glitzernden Schnürchen
All die unzähligen, kleinen Figürchen:
Mohren, Schlittschuhläufer und Schwälbchen,
Elefanten und kleine Kälbchen,

Schornsteinfeger und trommelnde Hasen,
Dicke Kerle mit roten Nasen,
Reiche Hunde und arme Schlucker
Und alles, alles aus purem Zucker!

Ein alter Herr mit weißen Bäffchen
Hängt grade unter einem Äffchen.
Und hier gar schält sich aus seinem Ei
Ein kleiner, geflügelter Nackedei.
Und oben, oben erst in der Krone!!
Da hängt eine wirkliche, gelbe Kanone
Und ein Husarenleutnant mit silbernen Tressen –
Ich glaube wahrhaftig, man kann ihn essen!

In den offenen Mäulerchen ihre Finger,
Stehn um den Tisch die kleinen Dinger,
Und um die Wette mit den Kerzen
Puppern vor Freuden ihre Herzen.
Ihre großen, blauen Augen leuchten,
Indes die unsern sich leise feuchten.
Wir sind ja leider schon längst »erwachsen«,
Uns dreht sich die Welt um andre Achsen,

Und zwar zumeist um unser Büreau.
Ach, nicht wie früher mehr macht uns froh
Aus Zinkblech eine Eisenbahn,
Ein kleines Schweinchen aus Marzipan.
Eine Blechtrompete gefiel uns einst sehr,
Der Reichstag interessiert uns heut mehr;
Auch sind wir verliebt in die Regeldetri

Und spielen natürlich auch Lotterie.
Uns quälen tausend Siebensachen.
Mit einem Wort, um es kurz zu machen,
Wir sind große, verständige, vernünftige Leute!

Nur eben heute nicht, heute, heute!

Über uns kommt es wie ein Traum,
Ist nicht die Welt heut ein einziger Baum,
An dem Millionen Kerzen schaukeln?
Alte Erinnerungen gaukeln
Aus fernen Zeiten an uns vorüber
Und jede klagt: Hinüber, hinüber!
Und ein altes Lied fällt uns wieder ein:
O selig, o selig, ein Kind noch zu sein!

Arno Holz

CHRISTBAUM

Hörst auch Du die leisen Stimmen
Aus den bunten Kerzlein dringen?
Die vergessenen Gebete
Aus den Tannenzweiglein singen?
Hörst auch Du das schüchternfrohe,
Helle Kinderlachen klingen?
Schaust auch Du den stillen Engel
Mit den reinen, weißen Schwingen? …
Schaust auch Du Dich selber wieder
Fern und fremd nur wie im Traume?
Grüßt auch Dich mit Märchenaugen
Deine Kindheit aus dem Baume? …

Ada Christen

EINSIEDLERS HEILIGER ABEND

Ich hab' in den Weihnachtstagen –
Ich weiß auch, warum –
Mir selbst einen Christbaum geschlagen,
Der ist ganz verkrüppelt und krumm.

Ich bohrte ein Loch in die Diele
Und steckte ihn da hinein
Und stellte rings um ihn viele
Flaschen Burgunderwein.

Und zierte, um Baumschmuck und Lichter
Zu sparen, ihn abends noch spät
Mit Löffeln, Gabeln und Trichter
Und anderem blanken Gerät.

Ich kochte zur heiligen Stunde
Mir Erbsensuppe mit Speck
Und gab meinem fröhlichen Hunde
Gulasch und litt seinen Dreck.

Und sang aus burgundernder Kehle
Das Pfannenflickerlied.
Und pries mit bewundernder Seele
Alles das, was ich mied.

Es glimmte petroleumbetrunken
Später der Lampendocht.
Ich saß in Gedanken versunken.
Da hat's an die Türe gepocht,

Und pochte wieder und wieder.
Es konnte das Christkind sein.
Und klang's nicht wie Weihnachtslieder?
Ich aber rief nicht: »Herein!«

Ich zog mich aus und ging leise
Zu Bett, ohne Angst, ohne Spott,
Und dankte auf krumme Weise
Lallend dem lieben Gott.

Joachim Ringelnatz

DAS CHRISTKIND IN DER FREMDE

Ich habe bei Becherschimmer
Gestern allein gewacht,
Und habe wohl wie immer
An Schlachten und Stürme gedacht.

Der Wein, der kraftgewürzte,
War hell wie Heldenblut,
Doch je mehr ich hinunterstürzte,
Je trüber ward mein Mut.

Ich mocht' es nicht mehr tragen,
Ich ging in die Nacht hinein;
Lichtwellen sah ich schlagen
Aus Fenster und Fensterlein.

Da sah wie ein Bettlerkind ich
In jeden erhellten Raum;
Wo meine Mutter find' ich,
Wo steht mein Weihnachtsbaum?

Und als ich kam nach Hause,
Was ist das in aller Welt?
Da war in meiner Klause
Ein jedes Fenster erhellt.

Und als ich trat ins Zimmer,
Da war's nicht mehr ein Traum,
Da stand im vollsten Schimmer
Der schönste Weihnachtsbaum.

Und an dem Strahl der Kerzen,
Da fühlt' ich, wie zerschmolz
Im sturmbegierigen Herzen
Der wilde, sehnende Stolz.

Es war so mild zu schauen,
Wie jedes Lichtlein glomm,
In die Augen tät mir tauen
Ein Fühlen kindesfromm.

Mir war's, als dürft' ich träumen,
Ich sei nicht mehr verwaist,
Und es webte in den Räumen
Meiner Mutter süßer Geist.

Doch die den Baum mir stellten
In meine öde Nacht,
Mag's ihnen Gott vergelten,
Wie selig sie mich gemacht!

Moritz von Strachwitz

»Was bringt der Weihnachtsmann?«

–

Wünschen und Schenken

CHRISTABEND

Wie die hellen Lichter scheinen!
Und die Kinder sind gekommen,
All die großen, all die kleinen,
Haben ihr Geschenk genommen.

Spielwerk bringt es uns zum Spielen,
Das geliebte Wunderkind.
Spielen mögen wir und fühlen,
Dass wir wieder Kinder sind.

Süße Früchte, fremde Blüten
Trägt es in der zarten Hand,
Wie sie Engel ziehn und hüten
In dem sel'gen Himmelsland.

Und so hat es tausend Gaben
Allen Menschen mitgebracht,
Alle Herzen zu erlaben
In der hochgelobten Nacht.

Auch Versöhnung, ew'ges Leben,
Trost und Freiheit, Gnadenfüll',
Gottes Wort, umsonst gegeben
Jedem, welcher hören will.

Nimmer kann ich euch vergessen,
All ihr schönen Christgeschenke!
Abgrund, reich und unermessen,
Drein ich liebend mich versenke.

Max Schenkendorf

ZUM 24. DEZEMBER 1890

Ruhig sein, nicht ärgern, nicht kränken,
Ist das allerliebste Schenken;
Aber mit diesem Pfefferkuchen
Will ich es noch mal versuchen.

Theodor Fontane

WEIHNACHTEN

Nikolaus der Gute
kommt mit einer Rute,
greift in seinen vollen Sack –
dir ein Päckchen – mir ein Pack.
Ruth Maria kriegt ein Buch
und ein Baumwolltaschentuch,
Noske einen Ehrensäbel
und ein Buch vom alten Bebel,
sozusagen zur Erheiterung,
zur Gelehrsamkeitserweiterung ...
Marloh kriegt ein Kaiserbild
und 'nen blanken Ehrenschild.
Oberst Reinhard kriegt zum Hohn
die gesetzliche Pension ...
Tante Lo, die, wie ihr wisst,
immer, immer müde ist,
kriegt von mir ein dickes Kissen. –
Und auch hinter die Kulissen
kommt der gute Weihnachtsmann:
Nimmt sich mancher Leute an,
schenkt da einen ganzen Sack
guten alten Kunstgeschmack.
Schenkt der Orska alle Rollen
Wedekinder, kesse Bollen –
(Hosenrollen mag sie nicht: dabei sieht man nur
        Gesicht ...).
Der kriegt eine Bauerntruhe,
Fräulein Hippel neue Schuhe,

jener hält die liebste Hand –
Und das Land? Und das Land?
Bitt ich dich, so sehr ich kann:
Schenk ihm Ruhe –
lieber Weihnachtsmann!

Kurt Tucholsky

CHRISTGESCHENK

Mein süßes Liebchen! Hier in Schachtelwänden
Gar mannigfalt geformte Süßigkeiten.
Die Früchte sind es heil'ger Weihnachtszeiten,
Gebackne nur, den Kindern auszuspenden!

Dir möcht ich dann mit süßem Redewenden
Poetisch Zuckerbrot zum Fest bereiten;
Allein was soll's mit solchen Eitelkeiten?
Weg den Versuch, mit Schmeichelei zu blenden!

Doch gibt es noch ein Süßes, das vom Innern
Zum Innern spricht, genießbar in der Ferne,
Das kann nur bis zu dir hinüberwehen.

Und fühlst du dann ein freundliches Erinnern,
Als blinkten froh dir wohlbekannte Sterne,
Wirst du die kleinste Gabe nicht verschmähen.

Johann Wolfgang von Goethe

DER KLEINE NIMMERSATT

Ich wünsche mir ein Schaukelpferd,
'ne Festung und Soldaten
Und eine Rüstung und ein Schwert,
Wie sie die Ritter hatten.

Drei Märchenbücher wünsch' ich mir
Und Farbe auch zum Malen
Und Bilderbogen und Papier
Und Gold- und Silberschalen.

Ein Domino, ein Lottospiel,
Ein Kasperletheater,
Auch einen neuen Pinselstiel
Vergiss nicht, lieber Vater!

Ein Zelt und sechs Kanonen dann
Und einen neuen Wagen
Und ein Geschirr mit Schellen dran,
Beim Pferdespiel zu tragen.

Ein Perspektiv, ein Zootrop,
'ne magische Laterne,
Ein Brennglas, ein Kaleidoskop
Dies alles hätt ich gerne.

Mir fehlt – ihr wisst es sicherlich –
Gar sehr ein neuer Schlitten,
Und auch um Schlittschuh' möchte ich
Noch ganz besonders bitten.

Um weiße Tiere auch von Holz
Und farbige von Pappe,
Um einen Helm mit Federn stolz
Und eine Flechtemappe.

Auch einen großen Tannenbaum,
Dran hundert Lichter glänzen,
Mit Marzipan und Zuckerschaum
Und Schokoladenkränzen.

Doch dünkt dies alles euch zu viel,
Und wollt ihr daraus wählen,
So könnte wohl der Pinselstiel
Und auch die Mappe fehlen.

Als Hänschen so gesprochen hat,
Sieht man die Eltern lachen:
»Was willst du, kleiner Nimmersatt,
Mit all den vielen Sachen?«

»Wer so viel wünscht« – der Vater spricht's –
»Bekommt auch nicht ein Achtel –
Der kriegt ein ganz klein wenig Nichts
In einer Dreierschachtel.«

Heinrich Seidel

Bescheidene Frage

Sankt Nikolas, Sankt Nikolas,
bringst du der flinken Grete was?
Sie ist fast immer artig gewesen,
hat fleißig in ihrer Fibel gelesen,
kann das große H schon ganz richtig schreiben,
wird Ostern gewiss nicht sitzen bleiben;
Sankt Nikolas, Sankt Nikolas,
schenkst du ihr was?

Sankt Nikolas, Sankt Nikolas,
bringst du dem dicken Peterle was?
Er ist noch zu klein, um zur Schule zu gehn,
aber beten kann er schon wunderschön:
»Lieber Dott, mach alle Menßen dut,
nimm alle unter deinen Hut!«
Sankt Nikolas, Sankt Nikolas,
schenkst du ihm was?

Sankt Nikolas, Sankt Nikolas,
bringst du der kleinen Lene was?
Sie gehört der armen Flick-Marie
und hat schon lange ein schlimmes Knie;
zum Spielen kommt sie gar nicht mehr raus,
sieht immer so blass und ängstlich aus.
Sankt Nikolas, Sankt Nikolas,
schenkst du ihr was?

Sankt Nikolas, Sankt Nikolas,
ich wünsch mir selber auch noch was:
möcht in der Weihnacht mit dir gehn,
mir all die fröhlichen Kinder besehn,
wie sie tanzen und tuten, knabbern und schlucken
und am strahlenden Christbaum die Wunder
     angucken.
Sankt Nikolas, Sankt Nikolas,
schenkst du mir das?

Paula Dehmel

SCHENKEN

Schenke groß oder klein,
Aber immer gediegen.
Wenn die Bedachten
Die Gaben wiegen,
Sei dein Gewissen rein.

Schenke herzlich und frei.
Schenke dabei,
Was in dir wohnt
An Meinung, Geschmack und Humor,
Sodass die eigene Freude zuvor
Dich reichlich belohnt.

Schenke mit Geist ohne List.
Sei eingedenk,
Dass dein Geschenk
Du selber bist.

Joachim Ringelnatz

VOM HONIGKUCHENMANN

Keine Puppe will ich haben –
Puppen geh'n mich gar nichts an.
Was erfreu'n mich kann und laben,
Ist ein Honigkuchenmann,
So ein Mann mit Leib und Kleid,
Durch und durch von Süßigkeit.

Stattlicher als eine Puppe
Sieht ein Honigkerl sich an,
Eine ganze Puppengruppe
Mich nicht so erfreuen kann.
Aber seh' ich recht dich an,
Dauerst du mich, lieber Mann.

Denn du bist zum Tod erkoren –
Bin ich dir auch noch so gut,
Ob du hast ein Bein verloren,
Ob das andre weh dir tut:
Armer Honigkuchenmann,
Hilft dir nichts, du musst doch dran!

August Heinrich Hoffmann von Fallersleben

WAS BRINGT DER WEIHNACHTSMANN?

Was bringt der Weihnachtsmann dem Fränzchen?
Weihnachtsmann!
Eine Puppe mit dem Kränzchen
Bringt der Weihnachtsmann dem Fränzchen.
Weihnachtsmann!

Was bringt der Weihnachtsmann Mathildchen?
Weihnachtsmann!
Ausgeschnittne bunte Bildchen
Bringt der Weihnachtsmann Mathildchen.
Weihnachtsmann!

Was bringt der Weihnachtsmann Johannen?
Weihnachtsmann!
Teller, Schüsseln, Näpf' und Kannen
Bringt der Weihnachtsmann Johannen.
Weihnachtsmann!

Was bringt der Weihnachtsmann Kathrinchen?
Weihnachtsmann!
Seidenhasen und Kaninchen
Bringt der Weihnachtsmann Kathrinchen.
Weihnachtsmann!

Was bringt der Weihnachtsmann Emilien?
Weihnachtsmann!
Einen Strauß von Rosen und Lilien
Bringt der Weihnachtsmann Emilien.
Weihnachtsmann!

Was bringt der Weihnachtsmann Marien?
Weihnachtsmann!
Arien und Melodien
Bringt der Weihnachtsmann Marien.
Weihnachtsmann!

Was bringt der Weihnachtsmann Agathen?
Weihnachtsmann!
Eine Schachtel voll Dukaten
Bringt der Weihnachtsmann Agathen.
Weihnachtsmann!

Was bringst du Weihnachtsmann denn mir doch?
Weihnachtsmann!
»Überlasse du das mir doch!
Was du wünschest, bringt auch dir noch
Weihnachtsmann!«

August Heinrich Hoffmann von Fallersleben

SCHENKEN UND BEREUEN

Der ist ein Narr, der schenket Gut
Und es nicht gibt mit frohem Mut
Und dazu sauer und übel sieht,
Dass ihm nichts Liebes dafür geschieht,
Denn der verliert wohl Lohn und Gabe,
Wer so bedauert verschenkte Habe.
So ist auch der, wer etwas schenkt,
Dabei an Gottes Willen denkt,
Und doch hat Reu' und Leid davon,
Wenn Gott ihm nicht gleich gibt den Lohn.
Wer will mit Ehren Geschenke machen,
Der tu's als guter Geselle mit Lachen
Und sprech' nicht: »Zwar, ich tu's nicht gern!«
Will er nicht Dank und Lohn entbehr'n.
Denn Gott sieht dessen Gab' nicht an,
Der nicht mit Freuden schenken kann;
Das Seine mag jeder behalten wohl,
Zu Geschenk man Niemand zwingen soll;

Allein aus freiem Herzen kommt
Geschenk, das einem jeden frommt.
Der Dank gar selten verloren geht;
Wenn er zuweilen auch kommt spät,
So pflegt sich alles doch zu schlichten
Und nach der Ordnung einzurichten.
Ist einer undankbar dabei,
So findet man doch ehrenfrei
Einen dankbaren und weisen Mann,
Der alles wohl vergelten kann.
Doch wer vorhält verschenktes Gut,
Dem scheint der Dank wohl selbst nicht gut,
Der will nicht auf Vergeltung harren;
Geschenk aufrücken zeigt den Narren.
Den sieht man über die Achseln an,
Wer sein Geschenk vorhalten kann:
Ein solcher wenig Dank gewann.

Sebastian Brant

WEIHNACHTSLIED

Morgen kommt der Weihnachtsmann,
Kommt mit seinen Gaben.
Trommel, Pfeifen und Gewehr,
Fahn' und Säbel, und noch mehr,
Ja, ein ganzes Kriegesheer
Möcht' ich gerne haben!

Bring uns, lieber Weihnachtsmann,
Bring auch morgen, bringe
Musketier und Grenadier,
Zottelbär und Panthertier,
Ross und Esel, Schaf und Stier,
Lauter schöne Dinge!

Doch du weißt ja unsern Wunsch,
Kennst ja unsre Herzen.
Kinder, Vater und Mama,
Auch sogar der Großpapa,
Alle, alle sind wir da,
Warten dein mit Schmerzen.

August Heinrich Hoffmann von Fallersleben

WEIHNACHTEN 1859

An Emilie

Gekommen ist der heil'ge Christ
Die ganze Stadt voll Lichter ist;
Auch unsre sollen brennen.
Die Sorgen weg und zünde an,
Ich will derweil, so gut ich kann,
Dir meine Wünsche nennen.

Empfang zuerst ein Strumpfenband,
Das ich für dreißig Pfengk erstand
Bei Fonrobert im Laden.
Ich wünsche dir, geliebtes Weib,
Bald wieder einen dünnern Leib
Und etwas dick're Waden.

Empfang alsdann ein Kontobuch,
Fürs Credit ist es groß genug,
Fürs Debet etwas kleine.
Indes, es heißt ja: »rund die Welt«,
Der Beutel wird mal wieder Geld
Und hilft uns auf die Beine.

Und drum zuletzt den heißen Wunsch,
Dass unsres Schicksals dicker Flunsch
Bald hübsch'ren Zügen weiche,
Und dass ein bisschen Sonnenschein
Zieh wieder endlich bei uns ein
Und unser Herz beschleiche.

Theodor Fontane

»Wir kommen aus dem Grauen«

–

Schwere Weihnacht

GROSS-STADT-WEIHNACHTEN

Nun senkt sich wieder auf die heim'schen Fluren
die Weihenacht! die Weihenacht!
Was die Mamas bepackt nach Hause fuhren,
wir kriegen's jetzo freundlich dargebracht.

Der Asphalt glitscht. Kann Emil das gebrauchen?
Die Braut kramt schämig in dem Portemonnaie.
Sie schenkt ihm, teils zum Schmuck und teils zum
      Rauchen,
den Aschenbecher aus Emalch glasé.

Das Christkind kommt! Wir jungen Leute lauschen
auf einen stillen heiligen Grammophon.
Das Christkind kommt und ist bereit zu tauschen
den Schlips, die Puppe und das Lexikon,

Und sitzt der wackre Bürger bei den Seinen,
voll Karpfen, still im Stuhl, um halber zehn,
dann ist er mit sich selbst zufrieden und im Reinen:
»Ach ja, so'n Christfest is' doch ooch janz scheen!«

Und frohgelaunt spricht er vom ›Weihnachtswetter‹,
mag es nun regnen oder mag es schnein,
jovial und schmauchend liest er seine Morgenblätter,
die trächtig sind von süßen Plauderein.

So trifft denn nur auf eitel Glück hienieden
in dieser Residenz Christkindleins Flug?
Mein Gott, sie mimen eben Weihnachtsfrieden …
»Wir spielen alle. Wer es weiß, ist klug.«

Kurt Tucholsky

BÜRGERLICHES WEIHNACHTSIDYLL

Was bringt der Weihnachtsmann Emilien?
Ein Strauß von Rosmarin und Lilien.
Sie geht so fleißig auf den Strich.
O Tochter Zions, freue dich!

Doch sieh, was wird sie bleich wie Flieder?
Vom Himmel hoch, da komm ich nieder.
Die Mutter wandelt wie im Traum.
O Tannebaum! O Tannebaum!

O Kind, was hast du da gemacht?
Stille Nacht, heilige Nacht.
Leis hat sie ihr ins Ohr gesungen:
Mama, es ist ein Reis entsprungen!
Papa haut ihr die Fresse breit.
O du selige Weihnachtszeit!

Klabund

WEIHNACHTSMARKT

Welch lustiger Wald um das graue Schloss
Hat sich zusammengefunden,
Ein grünes bewegliches Nadelgehölz,
Von keiner Wurzel gebunden!

Anstatt der warmen Sonne scheint
Das Rauschgold durch die Wipfel;
Hier backt man Kuchen, dort brät man Wurst,
Das Räuchlein zieht um die Gipfel.

Es ist ein fröhliches Leben im Wald,
Das Volk erfüllet die Räume;
Die nie mit Tränen ein Reis gepflanzt,
Die fällen am frohsten die Bäume.

Der eine kauft ein bescheid'nes Gewächs
Zu überreichen Geschenken,
Der andre einen gewaltigen Strauch,
Drei Nüsse daran zu henken.

Dort feilscht um ein verkrüppeltes Reis
Ein Weib mit scharfen Waffen:
Der dünne Silberling soll zugleich
Den Baum und die Früchte verschaffen!

Mit glühender Nase schleppt der Lakai
Die schwere Tanne von hinnen,
Das Zöfchen trägt ein Leiterchen nach,
Zu ersteigen die grünen Zinnen.

Und kommt die Nacht, so singt der Wald
Und wiegt sich im Gaslichtscheine;
Bang führt die arme Mutter ihr Kind
Vorüber dem Zauberhaine.

Einst sah ich einen Weihnachtsbaum:
Im düstern Bergesbanne
Stand eisbezuckert auf dem Granit
Die alte Wettertanne.

Und zwischen den Ästen waren schön
Die Sterne aufgegangen,
Am untersten Ast sah ich entsetzt
Die alte Schmidtin hangen.

Hell schien der Mond ihr ins Gesicht,
Das festlich still verkläret;
Weil sie auf der Welt sonst nichts besaß,
Hatte sie sich selbst bescheret.

Gottfried Keller

AM HEILIGEN ABEND

Fröhlich zog ich meine Straße,
Sang ein liebes, altes Lied,
Das in meiner Brust erklungen,
Eh' die Liebe von mir schied.

Plötzlich tönen Kirchenglocken
Aus der Ferne zu mir her,
Meine frohen Lieder stocken,
Und das Singen geht nicht mehr.

Kündet doch des Turms Geläute,
Dass ein Feiertag beginnt,
Dass der Heil'ge Abend heute,
Und die Ostern morgen sind.

Staunt ihr, dass bei solcher Kunde
Meine Freude mich verlässt?!
Ach, mein Herz, das ich begraben,
Feiert nicht sein Osterfest!

Theodor Fontane

WEIHNACHTABEND

Die fremde Stadt durchschritt ich sorgenvoll,
Der Kinder denkend, die ich ließ zu Haus.
Weihnachten war's; durch alle Gassen scholl
Der Kinderjubel und des Markts Gebraus.

Und wie der Menschenstrom mich fortgespült,
Drang mir ein heiser Stimmlein in das Ohr:
»Kauft, lieber Herr!« Ein mag'res Händchen hielt
Feilbietend mir ein ärmlich Spielzeug vor.

Ich schrak empor, und beim Laternenschein
Sah ich ein bleiches Kinderangesicht;
Wes Alters und Geschlechts es mochte sein,
Erkannt ich im Vorübertreiben nicht.

Nur von dem Treppenstein, darauf es saß,
Noch immer hört ich, mühsam, wie es schien:
»Kauft, lieber Herr!« den Ruf ohn Unterlass;
Doch hat wohl keiner ihm Gehör verliehn.

Und ich? – War's Ungeschick, war es die Scham,
Am Weg zu handeln mit dem Bettelkind?
Eh meine Hand zu meiner Börse kam,
Verscholl das Stimmlein hinter mir im Wind.

Doch als ich endlich war mit mir allein,
Erfasste mich die Angst im Herzen so,
Als säß mein eigen Kind auf jenem Stein
Und schrie nach Brot, indessen ich entfloh.

Theodor Storm

In der Christnacht
Dezember 1821

Wie ist der Menschen Treiben mir zuwider!
Aus ihrem Frohsinn saug' ich lauter Schmerz.
Vergebens sing' ich Trost durch meine Lieder,
Denn ach! nicht trösten lässt sich dieses Herz!

Was ich nicht suchte, kann ich immer finden,
Und alles was ich finde, sucht' ich nie.
Wer könnte diese Wünschelrute binden,
Die mir des Lebens goldnen Schatz verlieh'!

Gepflanzet wird der grüne Baum des Lebens
In jedem Haus und jeder Hütt' umher,
Da hofft kein Herz und wünschet ganz vergebens,
Denn alles gibt, und keine Hand bleibt leer.

O könnt' ich träumen, wie die Kindlein träumen,
In dieser stillen, ahnungsvollen Nacht,
Und auch erwachen dann vor Tannenbäumen
Und sehn, was mir der heil'ge Christ gebracht!

Welch helle Töne hallen aus der Ferne!
Wie wird's auf einmal mir so weh, so bang!
Zum Kirchgang laden freundlich alle Sterne,
Und ruft der Kerzenschein und Orgelklang.

Ihr seid dahin, ihr liebevollen Zeiten,
Woran Erinnrung mich gefesselt hält:
Doch nicht umsonst der Wehmut Tränen gleiten,
Für mich auch kam der Heiland in die Welt.

Er hat die Wünschelrute nur gebunden,
Die nur des Lebens goldnen Schatz verleiht.
Eilt hin, eilt hin, ihr irdisch-öden Stunden!
Fern bleibt die Welt, der Himmel ist nicht weit.

August Heinrich Hoffmann von Fallersleben

DER ARMEN KINDLEIN WEIHNACHTSLIED

Hört, schöne Herr'n und Frauen,
Die ihr im Lichte seid:
Wir kommen aus dem Grauen,
Dem Lande Not und Leid;
Weh tun uns unsre Füße
Und unsre Herzen weh,
Doch kam uns eine süße
Botschaft aus Eis und Schnee:
Es ist ein Licht erglommen,
Und uns auch gilt sein Schein.
Wir haben's wohl vernommen:
Das Christkind ist gekommen
Und soll auch uns gekommen sein.

Drum gehn wir zu den Orten,
Die hell erleuchtet sind,
Und klopfen an die Pforten:
Ist hier das Christuskind?
Es hat wohl nicht gefunden
Den Weg in unsre Nacht,
Drum haben wir mit wunden
Füßen uns aufgemacht,
Dass wir ihm unsre frommen
Herzen und Bitten weihn.
Wir haben's wohl vernommen:
Das Christkind ist gekommen
Und soll auch uns gekommen sein.

So lasst es uns erschauen,
Die ihr im Lichte seid!
Wir kommen aus dem Grauen,
Dem Lande Not und Leid;
Wir kommen mit wunden Füßen,
Doch sind wir trostgemut:
Wenn wir das Christkind grüßen,
Wird alles, alles gut.
Der Stern, der heut erglommen,
Gibt allen seinen Schein:
Das Christkind ist gekommen! –
Die ihr es aufgenommen,
O, lasst auch uns zu Gaste sein!

Otto Julius Bierbaum

ZU WEIHNACHTEN 1856

Die Weihnachtszeit ist wieder da
Mit Tannen und mit Lichtern,
Ich stünde gern als Herr Papa
Unter lachenden Gesichtern;
Doch ach, zu fremdem Gänse-Genuss
Nach Brompton fahr' ich im Omnibus,
Es geht nun mal nicht anders.

Gern kröch' ich umher mit meinem Boy
Wie der Sohn der Jeanne d'Albret
Und stimmte mit ein, bei Hott und Hoi,
In sein Lachen und Gedalbre;
Doch die Abschlagszahlung auf meinem Wunsch
Heißt »66« und Whisky-Punsch –
Es geht nun mal nicht anders.

Die Stunden gehen, die Tage gehen,
Vergehen immer geschwinder,
Es kommt, will's Gott, ein Wiedersehn,
Es kommen Frau und Kinder,
Es ist der Trennung bald genug
Und leer wird auch ein bittrer Krug,
Es geht nun mal nicht anders.

Theodor Fontane

WEIHNACHTSMORGEN 1808

Die längste Nacht ist nun vorüber
Das Kriegesfeuer ausgebrannt,
Doch weiße Asche deckt das Land
Des Kindleins Sterne weinen drüber
Und dieses Morgenrot ist trüber
Als jene Nacht von unsrer Schand,
Wer reicht dem Kindlein Brust und Hand
Die Mutter ringt mit Schreckensfieber.

O Kind du weinst in harter Krippe
Wie kommst Du in so kalte Zeit,
Der Mutterleib war eine Klippe
Ein Abgrund ist die Welt so weit;
Gib Milch der Brust, gib Lieb der Lippe
Sonst schmachtest du zur Ewigkeit.

Achim von Armin

WEIHNACHTEN

So steh ich nun vor deutschen Trümmern
und sing mir still mein Weihnachtslied.
Ich brauch mich nicht mehr drum zu kümmern,
was weit in aller Welt geschieht.
Die ist den andern. Uns die Klage.
Ich summe leis, ich merk es kaum,
die Weise meiner Jugendtage:
O Tannebaum!

Wenn ich so der Knecht Ruprecht wäre
und käm in dies Brimborium
– bei Deutschen fruchtet keine Lehre –
weiß Gott! ich kehrte wieder um.
Das letzte Brotkorn geht zur Neige.
Die Gasse grölt. Sie schlagen Schaum.
Ich hing sie gern in deine Zweige,
o Tannebaum!

Ich starre in die Knisterkerzen:
Wer ist an all dem Jammer schuld?
Wer warf uns so in Blut und Schmerzen?
Uns Deutsche mit der Lammsgeduld?
Die leiden nicht. Die warten bieder.
Ich träume meinen alten Traum:
Schlag, Volk, den Kastendünkel nieder!
Glaub diesen Burschen nie, nie wieder!
Dann sing du frei die Weihnachtslieder:
O Tannebaum! O Tannebaum!

Kurt Tucholsky

WEIHNACHTEN

Nun ist das Fest der Weihenacht,
das Fest, das alle glücklich macht,
wo sich mit reichen Festgeschenken
Mann, Weib und Greis und Kind bedenken,
wo aller Hader wird vergessen
beim Christbaum und beim Karpfenessen; – –
und groß und klein und arm und reich –
an diesem Tag ist alles gleich.
So steht's in vielerlei Varianten
in deutschen Blättern. Alten Tanten
und Wickelkindern rollt die Zähre
ins Taschentuch ob dieser Märe.
Papa liest's der Familie vor,
und alle lauschen und sind Ohr ...
Ich sah, wie so ein Zeitungsblatt
ein armer Kerl gelesen hat.
Er hob es auf aus einer Pfütze,
dass es ihm hinterm Zaune nütze.

Erich Mühsam

WEIHNACHTEN
(Bei einer Zurücksetzung im Dienste)

Am heilgen Christtagabend
Den Kindern man beschert,
Da ist denn eitel Freude
An Wägelchen und Pferd.

Am heilgen Christtagabend,
Obgleich ich längst kein Kind,
Hat man mir auch bescheret,
Gut, wie die Menschen sind.

Man gab mir einen Kummer,
Man gab mir eine Qual,
Die tief am Leben naget,
Das längst schon geht zu Tal.

Man gab mir die Gewissheit,
Mein Streben sei verkannt,
Und ich ein armer Fremdling
In meinem Vaterland,

Man hat beim nahnden Winter
Genommen mir das Nest
Und hieß mich weiter wandern
Für meines Lebens Rest.

Doch ist's der Lauf der Zeiten,
Ein Trost nur stellt sich dar:
Bin ich auch nichts geworden,
Ich blieb doch der ich war.

Franz Grillparzer

WEIHNACHTEN 1869
An Anna

Ich wollt' auch heute zu dir sprechen
Wie ich's gewohnt zur Weihenacht,
Doch zwischen alle Worte brechen
Die Tränen vor mit Übermacht.

Noch ist zu frisch, was wir erlitten,
Die Lebenswunde nicht vernarbt;
Noch ist der Friede nicht erstritten,
An dem so bitter wir gedarbt.

Doch zürne nicht, wenn schon die Flügel
Hoffnung zu lüften sich erkühnt,
Noch eh' auf unsres Kindes Hügel
Ein Halm des Lenzes wieder grünt.

Lass träumen mich von künftg'en Zeiten,
Wo nach dem lichterhellen Baum
Sich kleine Ärmchen wieder breiten
Und Jauchzen füllt den stillen Raum.

Du aber nimm das Pfand der Treue,
Und mahne dich im Gold das Grün,
Dass du noch hoffen darfst, aufs Neue
Zu lächeln, wenn die Kerzen glühn.

Nur inniger durch den Bund der Schmerzen
Hat uns vereinigt das Geschick.
So halt' ich fest dich Herz am Herzen,
Du meine Jugend, du mein Glück!

Paul Heyse

ADVENT

Am Himmel Wolkenjagd, bleifarb'ge Helle,
In Frost erschauernd lag die Flur, die nackte;
Fern sah herüber spukhaft der Soracte,
Und lautlos schlich die gelbe Tiberwelle.

Ein junges Hirtenpaar, in Ziegenfelle
Gehüllt, schritt mit dem Dudelsack im Takte
Dem Tore zu, bis sie die Wache packte
Und unsanft sie hinwegwies von der Schwelle.

Erblichen ist in Rom, ihr guten Kinder,
Der Stern, der einst in Bethlehem erglommen.
Der Felsen Petri ward zur schroffen Klippe.

Und pochtet ihr am Vatikan, noch minder
Wär' dort die Mahnung an den Stall willkommen,
Wo einst das Heil der Welt lag in der Krippe.

Paul Heyse

WEIHNACHTEN

In meiner Heimat, da oben im Norden,
sind wir als Kinder versammelt worden,
Anna stand hinter der Tür und hatte
einen Vollbart an aus furchtbar viel Watte.
Und während wir drin um den Weihnachtsbaum
     sangen,
hat sie ganz vorsichtig angefangen,
ein kleines Paket durch die Tür zu schieben,
da stand nun irgendwas drauf geschrieben:
Für Peter – Für Theo – Für Mary – Für Claire –
und wir platzten vor Neugier, was das wohl wäre – –
Und dann machte die Weihnachtsfrau draußen:
     Schwapp!
Und warf den Packen und rief:
»Julklapp!«

Ich werf' euch nun so einige Packen
mit Spielzeug und Bildern und Nüssen zum
     Knacken:

Karl Liebknecht, wie bist du rein und fanatisch,
auf die Dauer wirkst du doch unsympathisch;
du bestärkst den Radau, treibst der Rechten die
     Mühlen –
ich glaube, du sitzt grade zwischen zwei Stühlen – –
Julklapp!

Frau Schwerindustrie, da hockst du und wartest.
Weißt du, dass du uns vier Jahre lang narrtest?
Jetzt sind dir die Felle stromabwärts geschwommen –
Bei Thyssen! sie werden schon wiederkommen – –
Julklapp!

Herr Major, die gesträubtesten Schnurrbarthaare
trösten uns nicht über die letzten Jahre.
Wo ist Ihr Glanz? Jetzt sitzt er und putscht.
Herr Major, Sie sind hinten runtergerutscht!
Julklapp!

Fühlst du dich etwa vom Frieden betroffen?
Herr Schieber? Mein Lieber, ich will es nicht hoffen.
Denn darin seid ihr euch gleich geblieben:
Für den Tüchtigen gibt es stets was zu schieben – –
Julklapp!

A und S – eine liebe Erscheinung!
Von jeher war das meine Meinung:
wir haben zu wenig Beamte im Haus.
A. u. S. Vielleicht heißt das: »aus«?
Julklapp!

Die Kinder … das ist ein ernstes Kapitel:
Brotkarten, Vaterns Soldatenkittel –
die Schule fällt aus – unsre Hoffnung nicht minder –
ich glaube, ich habe zum Glück keine Kinder …
Julklapp!

Der Tanz ist erwacht mit einem Male.
Der Fox-Trott zieht durch alle Lokale;
und wer ihn nicht richtig tanzen kann,
der ist überhaupt kein deutscher Mann – –
Julklapp!

Mein Kino, du hast jetzt gute Tage!
Keine Aufsicht mehr, keine Zensurenplage.
Man kann jetzt unverhüllt alles sehn –
und trotzdem bist du genau so schön – –
Julklapp!

*   *   *

Ich hoffe, ich habe keinen vergessen.
Aber ihr geht nun gewiss zum Weihnachtsessen.
Und wenn wir das hier so alles lesen:
es ist eine schöne Bescherung gewesen!

Kurt Tucholsky

CHRISTNACHT

Durch die Fenster seh' ich's flimmern,
Grün und Gold und Kerzenschein,
Jauchzend hör' ich durch die Laden
Helle Kinderstimmen schrein.

Schmetternde Posaunen schallen
Von dem Kirchenturm herab:
Lobt den Vater in der Höhe,
Der der Welt das Kindlein gab!

Herz, mein Herz, wie bist so selig?
Herz, mein Herz, und so allein?
Unsre Gaben, unsre Wünsche,
Dürfen wir sie keinem weihn?

Eine weiß ich wohl zu finden,
Der ich vieles gönnen mag;
Offen steht mir ihre Pforte,
Und es kennt mich ihr Gemach.

Aber in dem stillen Hause
Brennt kein festlich helles Licht,
Und im schwarzen Wochenkleide
Sitzt sie da und freut sich nicht.

Ach, ihr ist er nicht geboren,
Der in dieser sel'gen Nacht
Freud' und Fried' und Wohlgefallen
Hat zu uns herabgebracht.

Seine Liebe, seine Leiden
Dringen nicht zu ihr hinein:
Über ihre zarte Seele
Herrschet ein Gesetz von Stein.

Wilhelm Müller

Epiphaniasfest

Die Heil'gen Drei König' mit ihrem Stern,
Sie essen, sie trinken, und bezahlen nicht gern;
Sie essen gern, sie trinken gern,
Sie essen, trinken, und bezahlen nicht gern.

Die Heil'gen Drei König' sind kommen allhier,
Es sind ihrer drei und sind nicht ihrer vier;
Und wenn zu dreien der vierte wär,
So wär ein Heil'ger-Drei-König mehr.

Ich erster bin der weiß' und auch der schön',
Bei Tage solltet ihr erst mich sehn!
Doch ach, mit allen Spezerein
Werd ich sein Tag kein Mädchen mir erfrein.

Ich aber bin der braun' und bin der lang',
Bekannt bei Weibern wohl und bei Gesang.
Ich bringe Gold statt Spezerein,
Da werd ich überall willkommen sein.

Ich endlich bin der schwarz' und bin der klein'
Und mag auch wohl einmal recht lustig sein.
Ich esse gern, ich trinke gern,
Ich esse, trinke und bedanke mich gern.

Die Heil'gen Drei König' sind wohlgesinnt,
Sie suchen die Mutter und das Kind;
Der Joseph fromm sitzt auch dabei,
Der Ochs und Esel liegen auf der Streu.

Wir bringen Myrrhen, wir bringen Gold,
Dem Weihrauch sind die Damen hold;
Und haben wir Wein von gutem Gewächs,
So trinken wir drei so gut als ihrer sechs.

Da wir nun hier schöne Herrn und Fraun.
Aber keine Ochsen und Esel schaun,
So sind wir nicht am rechten Ort
Und ziehen unseres Weges weiter fort.

Johann Wolfgang Goethe

DIE HEILIGEN DREI KÖNIGE
(Bettelsingen)

Wir sind die drei Weisen aus dem Morgenland,
Die Sonne, die hat uns so schwarz gebrannt.
Unsere Haut ist schwarz, unsere Seel ist klar,
Doch unser Hemd ist besch… ganz und gar.
Kyrieeleis.

Der erste, der trägt eine lederne Hos',
Der zweite ist gar am A… bloß,
Der dritte hat einen spitzigen Hut,
Auf dem ein Stern sich drehen tut.
Kyrieeleis.

Der erste, der hat den Kopf voll Grind,
Der zweite ist ein unehlich' Kind.
Der dritte nicht Vater, nicht Mutter preist,
Ihn zeugte höchstselbst der heilige Geist.
Kyrieeleis.

Der erste hat einen Pfennig gespart,
Der zweite hat Läuse in seinem Bart,
Der dritte hat noch weniger als nichts,
Er steht im Strahl des göttlichen Lichts.
Kyrieeleis.

Wir sind die heiligen drei Könige,
Wir haben Wünsche nicht wenige.
Den ersten hungert, den zweiten dürst',
Der dritte wünscht sich gebratene Würst.
Kyrieeleis.

Ach, schenkt den armen drei Königen was.
Ein Schöpflöffel aus dem Heringsfass –
Verschimmelt Brot, verfaulter Fisch,
Da setzen sie sich noch fröhlich zu Tisch.
Kyrieeleis.

Wir singen einen süßen Gesang
Den Weibern auf der Ofenbank.
Wir lassen an einem jeglichen Ort
Einen kleinen heiligen König zum Andenken dort.
Kyrieeleis.

Wir geben euch unseren Segen drein,
Gemischt aus Kuhdreck und Rosmarein.
Wir danken für Schnaps, wir danken für Bier.
Anders Jahr um die Zeit sind wir wieder hier.
Kyrieeleis.

Klabund

DIE HEILIGEN DREI KÖNIGE DES ELENDS

Über einem Häusel, ganz weiß beschneet,
Golden ein flimmernder Funkelstern steht.

Weiß alle Wege, die Bäume alle weiß,
Milde des goldenen Sternes Gegleiß.

Gelb aus dem Fenster ein Lichtschein schräg
Über das Gärtchen, über den Weg.

Sieh, da über den Feldweg quer
Stakt ein steingrauer Alter her;

Ganz in Lumpen und Flicken getan,
Und hält vor dem Hause an.

Haucht in die Hände und sieht sich um,
Blickt zum Sterne und wartet stumm.

Kommt von der andern Seite an
Wieder ein alter zerlumpter Mann.

Geben sich beide stumm die Hand,
Starren zum Sterne unverwandt.

Kommt ein dritter und grüßt die zwei,
Raunen und tuscheln und deuten die drei.

Blicken zum Sterne, blicken zur Tür;
Tritt ein bärtiger Mann herfür:

»Kamt in Mühen und Sehnen weit;
Geht nach Hause! Es ist nicht die Zeit …«

Senken die Köpfe die drei und gehn
Müde fort. Es hebt sich ein Wehn,

Hebt sich ein Stürmen, Wirbeln, Gebraus,
Und der goldene Stern löscht aus.

Otto Julius Bierbaum

WEIHNACHTSLIED IM KRIEGE

Nun ruht doch alle Welt.
O Herz, wie willst du's fassen?
Die Erde liegt im Streit,
von allem Heil verlassen,
ist friedlos weit und breit
und wider dich gestellt.

Doch der die Erde schuf,
hat deine Angst gesehen
und hat sich aufgemacht,
will dir zur Seite stehen,
ein Helfer voller Macht.
Hell klingt sein Friedensruf.

Wie wird die Welt so still.
O Herz, wie sollst du's glauben?
Du trägst so schwere Last.
Die Welt will alles rauben,
was du so heiß umfasst.
Des Leidens ist kein Ziel.

Doch der das A und O,
der Anfang und das Ende,
tritt heut in deine Zeit
und legt in deine Hände
das Pfand der Seligkeit.
Das macht dich reich und froh.

Die Welt jauchzt fröhlich auf.
O Herz, wie kann's dich wecken?
Dich hat die Not versteint.
Der Erdkreis hat viel Schrecken
zu deiner Qual vereint
und türmt sie dir zuhauf.

Doch der das Leben gab,
den Mund mit Odem füllte,
spricht selbst dir Tröstung zu.
Kein Schmerz, den er nicht stillte!
Kein Werk, das er nicht tu!
Dein Heiland kommt herab! –

Die Tannen freuen sich.
Die Hürden auf dem Felde
erhellt ein klarer Schein.
Komm, Engel, komm und melde:
Was bricht zur Nacht herein?
Kommst du und meinst auch mich?

Gott Lob! In deinem Licht
darf ich das Licht erschauen,
Das Kind, den Herrn der Welt!
Ihm will ich mich vertrauen.
Er ist es, der mich hält
und rettet im Gericht.

Jochen Klepper

WEIHNACHTEN

Die eisige Straße mit Schienengeleisen,
Die Häusermasse in steinernen Reih'n,
Der Schnee in Haufen, geisterweißen,
Und der Tag, der blasse, mit kurzem Schein.

Der Kirchtüre Flügel sich stumm bewegen,
Die Menschen wie Schatten zur Türspalte gehn;
Bekreuzen die Brust, kaum dass sie sich regen,
Als grüßen sie jemand, den sie nur sehn.

Ein Kindlein aus Wachs, auf Moos und Watten,
Umgeben von Mutter und Hirten und Stall,
Umgeben vom Kommen und Gehen der Schatten,
Liegt da wie im Mittelpunkte des All.

Und Puppen als Könige, aus goldnen Papieren,
Und Mohren bei Palmen, aus Federn gedreht,
Sie kamen auf kleinen und hölzernen Tieren,
Knien tausend und tausend Jahr im Gebet.

Sie neigen sich vor den brennenden Kerzen;
Als ob im Arm jedem ein Kindlein schlief,
Siehst du sie atmen mit behutsamen Herzen
Und lauschen, ob das Kind sie beim Namen rief.

Max Dauthendey

»Von guten Mächten wunderbar
geborgen«
–

Das Neue Jahr

FESTLICHE TAGE

Zum Neuen Jahr

Lasst uns, Freunde, ins neue Jahr
Eingehn wie in ein schönes, gesichertes Haus,
In dem die Liebe und der Friede wohnt
Und Schönheit überall heimisch ist.

Und lasst uns, Freunde, heiter gelassenen Sinns,
Mit keinem Hass belastet und ohne Neid,
Heil, liebe Freunde, im starken Herzen, lasst uns
In dieses neue Haus einziehn, und lachend.

Wir sind wohl keiner wundenlos, unversehrt,
Und jeder spürte, dass Niederträchtigkeit
Sehnenkräftige Bogen und giftige Pfeile hat,
Und dass der Dummheit Kartaunen nicht bloß
        brüllen,
Sondern auch vieles zerstören können, das
Mit Mühe und Kunst errichtet ward, – und, ach,
Des Schlimmsten wurden wir uns wohl auch
        bewusst,
Dass Schwachheit unser Teil ist und irgendwo
Jeder, wie fest er gefügt sich dünke,
Locker und undicht ist im Baue.

Das aber, Freunde, fechte uns nicht an!
Wir wollen tapfer sein und, gilt's Gefecht,
Mit Lachen in den Feind gehn, da wir ja
Als Edle kämpfen und dem Tross voran
Als Wissende: Es ist die Kraft in uns,
Allein zu stehn, gemeiner Art entrückt.
Wenn aber Dumpfheit alles niederschlägt
Und Kampf nicht lohnt und Widerwillen uns
Erfassen will, so wollen wir, Freunde, nicht
Mit Trübsal abziehn, sondern heiter
Das Schwert der Scheide schenken und mit Gesang
Den Schritt wegwenden in die Einsamkeit.

Dies, liebe Freunde, ist, nach meinem Sinn,
Vielleicht das Beste, das das Jahr bescheren mag:
Verborgenheit und Ruhe in uns selbst.

Wohl dem, der dies erfährt, *doch* selig der
(*Wie* selig, weiß ich, der es nun erfuhr),
Der nicht *allein* in dieses schöne Haus
Gelassener Beschaulichkeit zu gehen braucht.
In Einsamkeit vereint, das ist mein Spruch,
Und dies mein Wunsch, dass jeder, der es wert,
Voll aus, bis aus den Grund aus fühlen möge, welch
    ein Glück
Dies Wort umschließt: *In Einsamkeit vereint.*

Otto Julius Bierbaum

Neujahrs-Choral

Das ist des Weges Wende!
Nun hebt voll Dank die Hände:
Heil uns, wir stehn am Tor!
Dahinter ist es helle,
Es leuchtet auf der Schwelle
Das junge Licht hervor.

Was werden wir nun sehen,
Wenn sich die Flügel drehen?
Die immer gleiche Bahn.
Heil uns: das Ziel gewonnen!
Heil uns: aufs Neu begonnen!
Der Gang hebt wieder an.

Es geht von Tor zu Toren,
Und kein Schritt ist verloren,
Geht nur die Liebe mit.
Wohl dem, den sie begleitet!
Glück ist, wohin er schreitet,
Und fröhlich jeder Schritt.

Und mag in Nacht und Tagen
Uns böses Schicksal schlagen,
Wir bleiben doch getrost:
Uns ist zu jeder Stunde,
Uns ist für jede Wunde
Ein Balsam zugelost.

Die Liebe lässt auf Erden
Nicht müd und irre werden
Und keinen einsam stehn.
Auf, Jahr, mit Lust und Schmerzen!
Wir wolln mit reinen Herzen
Durch deine Pforte gehn.

Otto Julius Bierbaum

Neujahr

Altes Jahr, du ruhst in Frieden,
Deine Augen sind geschlossen;
Bist von uns so still geschieden
Hin zu himmlischen Genossen,
Und die neuen Jahre kommen,
Werden auch wie du vergehen,
Bis wir alle aufgenommen
Uns im letzten wiedersehen.
Wenn dies letzte angefangen,
Deutet sich dies Neujahrgrüßen,
Denn erkannt ist dies Verlangen,
Nach dem Wiedersehn und Küssen.

Achim von Arnim

NUN LASST UNS GEHEN UND TRETEN

Nun lasst uns gehn und treten
Mit Singen und mit Beten
Zum Herrn, der unserm Leben
Bis hierher Kraft gegeben.

Wir gehn dahin und wandern
Von einem Jahr zum andern,
Wir leben und gedeihen
Vom alten zu dem neuen.

Durch so viel Angst und Plagen,
Durch Zittern und durch Zagen,
Durch Krieg und große Schrecken,
Die alle Welt bedecken.

Denn wie von treuen Müttern
In schweren Ungewittern
Die Kindlein hier auf Erden
Mit Fleiß bewahret werden;

Also auch und nicht minder,
Lässt Gott ihm seine Kinder,
Wenn Not und Trübsal blitzen,
In seinem Schoße sitzen.

Ach, Hüter unsers Lebens,
Fürwahr! es ist vergebens
Mit unserm Tun und Machen,
Wo nicht dein' Augen wachen.

Gelobt sei deine Treue,
Die alle Morgen neue!
Lob sei den starken Händen,
Die alles Herzleid wenden!

Lass ferner dich erbitten,
O Vater, und bleib mitten
In unserm Kreuz und Leiden
Ein Brunnen unsrer Freuden.

Gib mir und allen denen,
Die sich von Herzen sehnen
Nach dir und deiner Hulde,
Ein Herz, das sich gedulde.

Schleuß zu die Jammerpforten,
Und lass an allen Orten
Auf so viel Blutvergießen
Die Friedensströme fließen.

Sprich deinen milden Segen
Zu allen unsern Wegen,
Lass Großen und auch Kleinen
Die Gnadensonne scheinen.

Sei der Verlassnen Vater,
Der Irrenden Berater,
Der Unversorgten Gabe,
Der Armen Gut und Habe.

Hilf gnädig allen Kranken,
Gib fröhliche Gedanken
Den hochbetrübten Seelen,
Die sich mit Schwermut quälen.

Und endlich, was das meiste,
Füll uns mit deinem Geiste,
Der uns hier herrlich ziere
Und dort zum Himmel führe.

Das alles wollst du geben,
O meines Lebens Leben,
Mir und der Christenschare
Zum sel'gen neuen Jahre.

Paul Gerhardt

ZUM NEUEN JAHR

Wie heimlicher Weise
Ein Engelein leise
Mit rosigen Füßen
Die Erde betritt,
So nahte der Morgen.
Jauchzt ihm, ihr Frommen,
Ein heilig Willkommen,
Ein heilig Willkommen!
Herz, jauchze du mit!

In Ihm sei's begonnen,
Der Monde und Sonnen
An blauen Gezelten
Des Himmels bewegt.
Du, Vater, du rate!
Lenke du und wende!
Herr, dir in die Hände
Sei Anfang und Ende,
Sei alles gelegt!

Eduard Mörike

ZUM NEUEN JAHR

Zwischen dem Alten,
Zwischen dem Neuen
Hier uns zu freuen,
Schenkt uns das Glück,
Und das Vergangne
Heißt mit Vertrauen
Vorwärts zu schauen,
Schauen zurück.

Stunden der Plage,
Leider, sie scheiden
Treue von Leiden,
Liebe von Lust;
Bessere Tage
Sammlen uns wieder,
Heitere Lieder
Stärken die Brust.

Leiden und Freuden,
Jener verschwundnen,
Sind die Verbundnen
Fröhlich gedenk.
O des Geschickes
Seltsamer Windung!
Alte Verbindung,
Neues Geschenk!

Dankt es dem regen,
Wogenden Glücke,
Dankt dem Geschicke
Männiglich Gut,
Freut euch des Wechsels
Heiterer Triebe,
Offener Liebe,
Heimlicher Glut!

Andere schauen
Deckende Falten
Über dem Alten
Traurig und scheu;
Aber uns leuchtet
Freundliche Treue;
Sehet, das Neue
Findet uns neu.

So wie im Tanze
Bald sich verschwindet,
Wieder sich findet
Liebendes Paar;
So durch des Lebens
Wirrende Beugung
Führe die Neigung
Uns in das Jahr.

Johann Wolfgang von Goethe

Von guten Mächten

Von guten Mächten treu und still umgeben,
behütet und getröstet wunderbar,
so will ich diese Tage mit euch leben
und mit euch gehen in ein neues Jahr.

Noch will das Alte unsre Herzen quälen,
noch drückt uns böser Tage schwere Last.
Ach Herr, gib unsern aufgeschreckten Seelen
das Heil, für das du uns geschaffen hast.

Und reichst du uns den schweren Kelch, den bittern
des Leids, gefüllt bis an den höchsten Rand,
so nehmen wir ihn dankbar ohne Zittern
aus deiner guten und geliebten Hand.

Doch willst du uns noch einmal Freude schenken
an dieser Welt und ihrer Sonne Glanz,
dann wolln wir des Vergangenen gedenken,
und dann gehört dir unser Leben ganz.

Lass warm und hell die Kerzen heute flammen,
die du in unsre Dunkelheit gebracht,
führ, wenn es sein kann, wieder uns zusammen.
Wir wissen es, dein Licht scheint in der Nacht.

Wenn sich die Stille nun tief um uns breitet,
so lass uns hören jenen vollen Klang
der Welt, die unsichtbar sich um uns weitet,
all deiner Kinder hohen Lobgesang.

Von guten Mächten wunderbar geborgen,
erwarten wir getrost, was kommen mag.
Gott ist bei uns am Abend und am Morgen
und ganz gewiss an jedem neuen Tag.

Dietrich Bonhoeffer

Quellenverzeichnis

Ernst **Anschütz:** *Der Tannenbaum (O Tannenbaum).* Aus:
Ludwig Erk, Franz Magnus Böhme (Hrsg.): *Deutscher
Liederhort,* Bd. 3. Breitkopf und Härtel, Leipzig 1894

Achim von **Arnim:** *Christkindleins Wiegenlied* (zus. mit
Clemens Brentano). Aus: *Des Knaben Wunderhorn,* Bd. 3.
Philipp Reclam jun., Stuttgart 1987 – *Vergolde die Nüsse.*
Aus: *Werke in sechs Bänden,* Bd. 5. Deutscher Klassiker
Verlag, Frankfurt a. M. 1994 – *Neujahr (Altes Jahr, du
ruhst in Frieden).* Aus: *Sämtliche Werke.* Bd. 22: *Gedichte,*
Teil 1. Lang, Bern 1970

Otto Julius **Bierbaum:** *Weihnachtslied (Für Fritz von Uhde)
– Das Wunder kommt – Die heiligen drei Könige des
Elends.* Aus: *Irrgarten der Liebe.* Insel, Leipzig 1901 – *Der
Stern von Bethlehem – Eisblumen zu Weihnachten –
Schneelied zu Weihnachten.* Aus: *Ausgewählte Gedichte,
Gesammelte Werke,* Bd. 1. Georg Müller, München 1921
– *Der armen Kindlein Weihnachtslied – Festliche Tage
(Zum Neuen Jahr) – Neujahrs-Choral.* Aus: *Das seidene
Buch.* Deutsche Verlags-Anstalt, Stuttgart und Leipzig
1904

Dietrich **Bonhoeffer:** *Von guten Mächten treu und still
umgeben.* Aus: *Widerstand und Ergebung. Dietrich
Bonhoeffer Werke,* Bd. 8. Gütersloher Verlagshaus /
Kaiser, München 1998

Sebastian **Brant:** *Schenken und Bereuen.* Aus: *Das
Narrenschiff.* Philipp Reclam jun., Leipzig 1877

Wilhelm **Busch:** *Der Stern.* Aus: *Sämtliche Werke,* Bd. 6.
Braun & Schneider, München 1943

Ada **Christen:** *Christbaum.* Aus: *Schatten.* Hoffmann &
Campe, Hamburg 1872

Max **Dauthendey:** *Weihnachten (Die eisige Straße).* Aus:
Weltspuk. Lieder der Vergänglichkeit. Albert Langen
Verlag, München 1910

Paula **Dehmel:** Bescheidene Frage. Aus: *Das liebe Nest.* E.A.
Seemann, Leipzig 1919

Richard **Dehmel:** *Das Wunderblümlein (Altes Weih-
nachtslied ergänzt) – Weihnachtsglocken – Eine Weih-
nachtsstunde.* Aus: *Erlösungen.* Göschen, Stuttgart 1891

Joseph von **Eichendorff:** *Weihnachten (Markt und Straßen
stehn verlassen).* Aus: *Werke,* Bd. 1. Winkler, Stuttgart
1970 ff.

Theodor **Fontane:** *Verse zum Advent – Zum 24. Dezember
1890 (Noch einmal ein Weihnachtsfest) – Zum 24.
Dezember 1890 (Ruhig sein) – Weihnachten 1859 (An
Emilie) – Am Heiligen Abend.* Aus – *Zu Weihnachten
1856.* Aus: *Gesammelte Gedichte in einem Band.* Insel
Verlag, Frankfurt a. M. 1998

Emanuel **Geibel:** *Weihnacht (Wie bewegt mich wundersam).*
Aus: *Werke,* Bd. 2. Bibliographisches Institut, Leipzig und
Wien 1918

Christian Fürchtegott **Gellert:** *Weihnachtslied (Dies ist der
Tag, den Gott gemacht).* Aus: *Werke, Bd. 1.* Insel Verlag,
Frankfurt a.M. 1979

Stefan **George:** *Heilige nacht von Ihm befohlen.* Aus: Der
Stern des Bundes. *Gesamt-Ausgabe der Werke,* Bd. 8.
Georg Bondi, Berlin 1928

Paul **Gerhardt:** *An der Krippe (Ich steh an deiner Krippe hier) – Wie soll ich dich empfangen? – Nun lasst uns gehn und treten.* Aus: *Paul Gerhardts sämtliche Lieder.* Verlag Johannes Herrmann, Zwickau 1906

Johann Wolfgang **Goethe:** *Weihnachten (Bäume leuchtend) – Christgeschenk – Epiphaniasfest – Zum neuen Jahr.* Aus: *Berliner Ausgabe. Poetische Werke,* Bd. 1. Aufbau Verlag, Berlin 1960 ff

Martin **Greif:** *Der Christbaum im Traum – Weihnachten (Ein Bäumlein grünt).* Aus: *Neue Lieder und Mären.* C. F. Amelangs Verlag, Leipzig 1902

Franz **Grillparzer:** *Weihnachten (Bei einer Zurücksetzung im Dienste).* Aus: *Sämtliche Werke,* Bd. 1. Hanser Verlag, München 1960–1965

Andreas **Gryphius:** Über die Geburt Jesu. Aus: *Gesamtausgabe der deutschsprachigen Werke,* Bd. 1. Max Niemeyer, Tübingen 1963

Johann Christian **Günther:** *Aria von der Geburt Christi.* Aus: *Sämtliche Werke,* Bd. 2. Karl Hiersemann, Leipzig 1931

Heinrich **Heine:** *Die Heiligen Drei Könige (Die heil'gen Drei Könige aus dem Morgenland)* Aus: *Sämtliche Gedichte in zeitlicher Folge.* Insel Verlag, Frankfurt a. M. 2005

Karl **Henckell:** *Weihnacht (Es klingt ein Lied).* Aus: *Im Weitergehn.* Die Lese Verlag, München 1911 – *Weihnacht (Ein Dreiklang).* Aus: *Weltmusik.* Verlag Franz Hanfstaengl, München 1918

Luise **Hensel:** *Krippenlied.* Aus: *Lieder.* Ferdinand Schöningh, Paderborn 1879

Wilhelm **Hey:** *Wenn ich in Bethlehem wär'.* Aus: *Noch fünfzig Fabeln für Kinder.* Friedrich Andreas Perthes, Gotha ca. 1850

Paul **Heyse:** *Eine Weihnachtsepistel – Weihnachten 1869 (An Anna) – Advent (Am Himmel Wolkenjagd).* Aus: *Gesammelte Werke,* Reihe 1, Bd. 5. Cotta'sche Buchhandlung, Stuttgart 1924

August Heinrich **Hoffmann von Fallersleben:** *Weihnachten (Zwar ist das Jahr) – Der Traum – Vom Honigkuchenmann – Was bringt der Weihnachtsmann? – Weihnachtslied (Morgen kommt der Weihnachtsmann).* Aus: *Kinderlieder.* Georg Olms Verlag, Hildesheim/New York 1976 – *In der Christnacht (Dezember 1821).* Aus: *Ausgewählte Gedichte.* Verlag Philipp Reclam, Leipzig 1907

Hugo von **Hofmannsthal:** *Weihnacht (Weihnachtsgeläute).* Aus: *Gesammelte Werke in zehn Einzelbänden,* Bd. 1. Fischer Taschenbuch, Frankfurt a. M. 1979

Arno **Holz:** *Und wieder nun lässt aus dem Dunkeln.* Aus: *Buch der Zeit.* F. Fontane & Co., Berlin 1892

Gottfried **Keller:** *Weihnachtsmarkt.* Aus: *Sämtliche Werke in acht Bänden,* Bd. 1. Aufbau, Berlin 1958–1961

Klabund: *Weihnacht (Ich bin der Tischler Josef) – Bürgerliches Weihnachtsidyll – Die heiligen drei Könige (Bettelsingen).* Aus: *Die Harfenjule.* Verlag Die Schmiede, Berlin 1927

Jochen **Klepper:** *Die Nacht ist vorgedrungen – Weihnachtslied im Kriege.* Aus: *Kyrie.* Eckart-Verlag, Berlin 1955

Hedwig **Lachmann:** *Christnacht (Es steht ein Stern verloren).* Aus: *Gesammelte Gedichte.* Gustav Kiepenheuer, Potsdam 1919

Else **Lasker-Schüler:** *Weihnachten (Einmal kommst du).* Aus: *111 Liebesgedichte.* Anaconda Verlag, Köln 2016. – *Peter Baum.* Aus: *Gedichte 1902-1943.* Kösel-Verlag, München 1986

Detlev von **Liliencron:** *Seht! der jetzt hier vor euch steht.* Aus: *Poggfred.* Deutsche Verlagsanstalt, Stuttgart/Berlin/ Leipzig 1923

Hermann von **Lingg:** *Die weiße Weihnachtsrose.* Aus: *Ausgewählte Gedichte.* Cotta'sche Buchhandlung Nachfolger, Stuttgart/Berlin 1905

Martin **Luther:** *Ein deutscher Hymnus oder Lobsang von der Geburt Christi.* Aus: *Evangelisch-reformiertes Gesangbuch.* Theologischer Verlag, Zürich 1998 – *Vom Himmel hoch.* Aus: *Evangelisches Gesangbuch. Ausgabe für die Evangelische Kirche in Hessen und Nassau.* Evangelische Verlagsanstalt, Frankfurt am Main 1994

Josef **Mohr:** *Stille Nacht! Heilige Nacht!* Aus: *Evangelisches Gesangbuch. Ausgabe für die Evangelische Kirche in Hessen und Nassau.* Evangelische Verlagsanstalt, Frankfurt am Main 1994

Christian **Morgenstern:** *Das Weihnachtsbäumlein.* Aus: *Werke und Briefe,* Bd. 3. Urachhaus, Stuttgart 1990

Eduard **Mörike:** *Die heilige Nacht (Gesegnet sei die heilige Nacht).* Aus: *Gedichte.* R. Voigtländers Verlag, Leipzig 1906 – *Zum neuen Jahr (Wie heimlicher Weise).* Aus: *Sämtliche Werke in zwei Bänden.* Bd 1. Winkler, München 1967

Erich **Mühsam:** *Weihnachten (Nun ist das Fest der Weihenacht).* Aus: *Ausgewählte Werke,* Bd.1. Verlag Volk und Welt, Berlin 1978

Clara **Müller-Jahnke:** *Heilige Nacht (Eh der Stern von Bethlehem) – Weihe-Nacht.* Aus: *Gedichte.* Buchhandlung Vorwärts, Berlin 1910

Wilhelm **Müller:** *Christnacht (Durch die Fenster).* Aus: *Gedichte.* Behr, Berlin 1906

Novalis: *Fern im Osten wird es helle.* Aus: *Schriften. Die Werke Friedrich von Hardenbergs,* Bd. 1. Kohlhammer, Stuttgart 1960–1977

Jean **Paul:** *Geschichte eines Pfefferkuchenmannes.* Aus: *Werke.* Hempel Verlag, Berlin 1886

Friedrich Heinrich **Ranke:** *Tochter Zion, freue dich.* Aus: *Evangelisches Gesangbuch. Ausgabe für die Evangelische Kirche in Hessen und Nassau.* Evangelische Verlagsanstalt, Frankfurt am Main 1994

Robert **Reinick:** *Der Weihnachtsaufzug – Christkind (Die Nacht vor dem heiligen Abend).* Aus: *Eine sonnige Welt.* Fr. Seybolds Verlagsbuchhandlung, München/Leipzig 1918

Rainer Maria **Rilke:** *Vor Weihnachten 1914 – Geburt Christi (Hättest du der Einfalt nicht) – Die heiligen drei Könige. Legende – Die hohen Tannen atmen heiser – Es gibt so wunderweiße Nächte – Advent (Es treibt der Wind im Winterwalde).* Aus: *Gesammelte Werke. Die Gedichte.* Anaconda Verlag, München 2020

Joachim **Ringelnatz:** *Vorfreude auf Weihnachten – Weihnachten (Liebeläutend zieht durch Kerzenhelle) – Der Weihnachtsbaum (Es ist eine Kälte) – Einsiedlers Heiliger*

Abend – Schenken. Aus: *Das Gesamtwerk in sieben Bänden,* Bd. 1. Diogenes, Zürich 1994

Friedrich **Rückert:** *Das Männlein in der Gans.* Aus: *Werke,* Bd 1. Bibliographisches Institut, Leipzig/Wien 1897

Ferdinand von **Saar:** *Christnacht (Wieder mit Flügeln).* Aus: *Gedichte.* Georg Weiß, Heidelberg 1888

Max **Schenkendorf:** *Im Winter (Die Tage sind so dunkel) – Adventslied (Komm nieder aus der Jungfrau Schoß) – Weihnachtslied (Brich an du schönes Morgenlicht) – Christabend (Wie die hellen Lichter scheinen).* Aus: *Gedichte.* Bong & Co, Leipzig 1890

Friedrich **Schlegel:** *Weihnachtslied (Am Weihnachtsabend in der Still').* Aus: *Dichtungen,* Bd. 5. Schöningh, München u.a. 1962

Adele **Schopenhauer:** *Weihnachten wird es für die Welt.* Aus: *Gedichte.* Verlag Klinkhardt & Biermann, Leipzig 1920

Heinrich **Seidel:** *Der Weihnachtsbaum (Schön ist im Frühling) – Der kleine Nimmersatt.* Aus: *Gesammelte Schriften,* Bd. 7. J.G. Cotta'sche Buchhandlung Nachfolger GmbH, Stuttgart 1893

Friedrich **Spee:** *O Heiland, reiß die Himmel auf.* Aus: *Evangelisches Gesangbuch. Ausgabe für die Evangelische Kirche in Hessen und Nassau.* Evangelische Verlagsanstalt, Frankfurt am Main 1994

Karl Friedrich **Splittegarb:** *Die Weihnachtsfreude (Morgen, Kinder, wird's was geben).* Aus: Ernst Klusen: *Deutsche Lieder.* Insel Verlag, Frankfurt a. M. 1981

Theodor **Storm:** *Knecht Ruprecht (Von drauß' vom Walde komm ich her) – Weihnachtslied (Vom Himmel in die tiefsten Klüfte) – Weihnachtsabend (An die hellen Fenster)*

– *Zum Weihnachten. Mit Märchen – Weihnachtabend (Die fremde Stadt).* Aus: *Sämtliche Werke in vier Bänden*, Bd. 1. Aufbau, Berlin/Weimar 1978

Moritz von **Strachwitz:** *Das Christkind in der Fremde.* Aus: *Gedichte*. Deutsche Hausbücherei, Hamburg ca. 1935

Johannes **Tauler:** *Es kommt ein Schiff geladen.* Aus: *Evangelisches Gesangbuch. Ausgabe für die Evangelische Kirche in Hessen und Nassau.* Evangelische Verlagsanstalt, Frankfurt am Main 1994

Ludwig **Thoma:** *Heilige Nacht (So ward der Herr Jesus geboren).* Aus: *Peter Schlemihl.* Albert Langen Verlag, München 1913

Ludwig **Tieck:** *Weihnachten (Wenn herüber zu meinem Garten).* Aus: *Gedichte,* Bd. 3. L. Schneider, Heidelberg 1967

Georg **Trakl:** *Ein Winterabend (Wenn der Schnee ans Fenster fällt).* Aus: *Sämtliche Gedichte.* Anaconda Verlag, Köln 2017

Kurt **Tucholsky:** *Weihnachten (Nikolaus der Gute) – Groß-Stadt-Weihnachten – Weihnachten (So steh ich nun vor deutschen Trümmern).* Aus: *Gesammelte Werke in zehn Bänden,* Bd. 1. Rowohlt Taschenbuch, Reinbek bei Hamburg 1975 – *Weihnachten (In meiner Heimat).* Aus: *Ulk*, Jahrgang 47, Verlag Rudolf Mosse, Berlin 1918

Volkslied aus dem 16. Jahrhundert: *Maria durch ein Dornwald ging.* Aus: Theo Mang, Sunhilt Mang (Hrsg.): *Der Liederquell.* Noetzel, Wilhelmshaven 2007

Georg **Weissel:** *Macht hoch die Tür.* Aus: *Evangelisches Gesangbuch. Ausgabe für die Evangelische Kirche in Hessen und Nassau.* Evangelische Verlagsanstalt, Frankfurt am Main 1994

Ernst von **Wildenbruch:** *Weihnacht (Die Welt wird kalt).*
Aus: *Vom goldnen Überfluss.* R. Voigtländers Verlag,
Leipzig 1906

Autor*innenverzeichnis mit Textüberschriften und -anfängen